Schlüsselqualifikationen

Eine kritische Beurteilung eines aktuellen Konzepts aus berufspädagogischer Sicht

von

Olaf Graichen

Tectum Verlag
Marburg 2002

Die Deutsche Bibliothek - CIP-Einheitsaufnahme

Graichen, Olaf:
Schlüsselqualifikationen.
Eine kritische Beurteilung eines aktuellen Konzepts
aus berufspädagogischer Sicht.
/ von Olaf Graichen
- Marburg : Tectum Verlag, 2002
ISBN 3-8288-8442-3

© Tectum Verlag

Tectum Verlag
Marburg 2002

Vorwort

Die vorliegende Arbeit wurde im Wintersemester 2000/2001 im Fachbereich Erziehungswissenschaften der Philosophischen Fakultät der Technischen Universität Chemnitz als Magisterarbeit angenommen.

An dieser Stelle möchte ich allen danken, die zum Gelingen dieser Arbeit beigetragen haben. Danken möchte ich insbesondere Herrn Prof. Dr. Jürgen J. Justin (Lehrstuhl für Allgemeine, Vergleichende und Historische Berufspädagogik) für die Betreuung, die von einer ständigen Diskussionsbereitschaft und seiner stets konstruktiven Kritik geprägt war. Herrn Prof. Dr. Matthias Wesemann (Lehrstuhl für Schulpädagogik und Allgemeine Didaktik) danke ich für die Anfertigung des Zweitgutachtens.

Nürnberg und Ebersbach im September 2002   Olaf Graichen

INHALT

Seite

1 EINLEITUNG 5
   1.1 Konstruktion der Thematik und ihre berufspädagogische Relevanz 5
   1.2 Problemstellung, Abgrenzung und zentrale Fragen 9
   1.3 Aufbau und Methodischer Rahmen 10
   1.4 Forschungsstand und Literaturlage 13
   1.5 Zusatzanmerkung 14

2 TERMINOLOGISCHE UND THEORETISCHE ANNÄHERUNGEN:
ZUM ZUSAMMENHANG VON BILDUNG UND SCHLÜSSEL-
QUALIFIKATION 15
   2.1 Einführung: Die Notwendigkeit des Bildungs- und Qualifikations-
      begriffs in der Schlüsselqualifikationsthematik 15
   2.2 Der Bildungsbegriff 16
      2.2.1 Der klassische Bildungsbegriff (J.H. Pestalozzi und
           W. v. Humboldt) 17
      2.2.2 Das moderne Bildungsverständnis und die bildungs-
           theoretische sowie bildungspolitische Einordnung von
           Schlüsselqualifikationen 19
           2.2.2.1 Relationen zwischen dem Bildungsbegriff bei
                W. Klafki und Schlüsselqualifikationen 20
           2.2.2.2 Bildungspolitische und schulpädagogische
                Positionen 23
           2.2.2.3 Die berufsbildungstheoretische Einordnung von
                Schlüsselqualifikationen 25
      2.2.3 Aktuelle bildungspolitische Sichtweisen 27
   2.3 Der Qualifikationsbegriff 29
      2.3.1 Definitionsansätze zum Qualifikationsbegriff 30
      2.3.2 Exkurs in die Flexibilitätsforschung 31

2.3.3 Herleitung des Schlüsselqualifikationsbegriffs aus dem Qualifikationsbegriff 32

2.4 Resümee: Die Gegenüberstellung des Bildungs- und Qualifikationsbegriffs in Abhängigkeit zum Schlüsselqualifikationsbegriff 33

3 URSACHEN UND MOTIVE FÜR DIE AKTUALITÄT VON SCHLÜSSELQUALIFIKATIONEN 37

3.1 Einführung: Von der Massenproduktion zur schlanken Produktion 37

3.2 Ziele und Grenzen des Taylorismus als traditionelle Arbeitsorganisation 38

3.3 Paradigmawechsel und Innovationen in der Arbeits- und Produktionsorganisation: Lean Production 41

    3.3.1 Konkurrenzzunahme und Konkurrenzdruck 41

    3.3.2 Neue Technologien 43

    3.3.3 Mitarbeiterpartizipation und Unternehmensstruktur 44

    3.3.4 Qualifikationsstruktur der Mitarbeiter und die Rolle des Unternehmens 45

3.4 Neuorientierungen in der beruflichen Bildung 46

3.5 Resümee: Taylorismus vs. Lean Production als Formen der Arbeitsorganisation im Vergleich 49

4 DER ANSATZ VON D. MERTENS 52

4.1 Einführung: Die Entstehung des Schlüsselqualifikationsansatzes im Kontext des Entwurfs der funktionalen und extrafunktionalen Qualifikationen von R. Dahrendorf 52

4.2 Mertens' Ausgangssituation 53

4.3 Inhalte, Ebenen und Interpretationen des Ansatzes 55

    4.3.1 Breitenelemente 58

    4.3.2 Basisqualifikationen 58

    4.3.3 Horizontalqualifikationen 60

    4.3.4 Vintage-Faktoren 60

4.4 Resümee: Versuch einer kritischen Stellungnahme 62

5 DISKUSSION UND ANALYSE KRITISCHER STANDPUNKTE UND KARDINALTHEMEN DER SCHLÜSSELQUALIFIKATIONSDEBATTE ... 65

5.1 Einführung : Strukturierung der Schlüsselqualifikationsdebatte 65

5.2 Die Kritik an Schlüsselqualifikationen als Konzeption im Spannungsfeld zwischen Wunschtraum und Realitätsbewußtsein 66

    5.2.1 Schlüsselqualifikationen als Lückenfüller (W. Wittwer) 67

    5.2.2 Die Kritik an Schlüsselqualifikationen als erfolgsversprechende Variablen (K. Geißler) 71

    5.2.3 Die Rolle von Schlüsselqualifikationen im Rahmen veränderter Produktionskonzepte (J. Simoleit u.a.) 74

5.3 Vorstellungen und Forderungen einer theoretische Untermauerung von Schlüsselqualifikationen unter Beachtung des Vermittlungsaspekts in der beruflichen Bildung 77

    5.3.1 Die Forderung nach Einbindung von Schlüsselqualifikationen in psychologische Theorien und das Problem der Vorhersagbarkeit von Qualifikationen (D. Elbers u.a.) 78

    5.3.2 Der Versuch einer theoretischen Stabilisierung von Schlüsselqualifikationen unter Berücksichtigung kognitiver und motivationaler Ansätze (J. Zabeck) 83

5.4 Progressives Gedankengut in der Schlüsselqualifikationsdebatte 94

    5.4.1 Ein persönlichkeitsorientierter Ansatz (L. Reetz) 95

    5.4.2 Berufsübergreifende Qualifikationen statt Schlüsselqualifikationen (U. Lauer-Ernst) 98

    5.4.3 Schlüsselqualifikationen und der Begriff der neuen Lehr-Lern-Kultur (R. Dubs) 104

5.5 Resümee: Bewertung der Schlüsselqualifikationsdebatte 109

6 ENTWURF EINES SCHLÜSSELQUALIFIKATIONSMODELLS 112

6.1 Einführung: Vielfalt vs. Differenzierung von Schlüsselqualifikationen . 112

6.2 Das Basismodell von Schlüsselqualifikationen 114

6.3 Das Ebenenmodell der Schlüsselqualifikationen 119

6.4 Resümee: Die Bewertung des Systematisierungsversuches in Modellen als Beitrag einer theoretischen Fundierung von Schlüsselqualifikationen 123

7 ZUSAMMENFASSUNG UND AUSBLICK 125

    7.1 Zusammenfassung 125

    7.2 Ausblick: Schlüsselqualifikationen auf dem Weg ins 21. Jahrhundert -
    Perspektiven, Forderungen und Desiderata 128

8 LITERATURVERZEICHNIS 130

1 EINLEITUNG

1.1 Konstruktion der Thematik und ihre berufspädagogische Relevanz

"Schlüsselqualifikationen sind erwerbbare allgemeine Fähigkeiten, Einstellungen und Strategien, die bei der Lösung von Problemen und beim Erwerb neuer Kompetenzen in möglichst vielen Inhaltsbereichen von Nutzen sind. Sie sind nicht auf direktem Weg zu erwerben, z.B. in Form eines eigenen fachlichen Lernangebotes; sie müssen vielmehr in Verbindung mit fachlichem und überfachlichem Lernen aufgebaut werden." (Bildungskommission NRW, 1995, S. XVI)

Schlüsselqualifikationen spielen im heutigen Leben, insbesondere im Arbeitsalltag, eine immer größere Rolle und in zunehmendem Maße prägen sie den Bereich der beruflichen Bildung. Engagement, Flexibilität und Kreativität - das ist einerseits nicht nur das aktuelle, in den Medien und Stellenanzeigen kursierende Vokabular, sondern es sind andererseits Schlagworte, die aktuelle gesellschaftliche Orientierungen vermitteln und normative Aussagen in Form von Anforderungen an die künftigen und bereits tätigen Beschäftigten darstellen. Das ständig steigende Spektrum an bereichsübergreifenden Aufgaben und damit verbunden die durch Technisierung komplizierter werdenden Bedingungen stellen hohe Anforderungen an Wissen und Können der Arbeitnehmer sowie der Auszubildenden (vgl. Dostal u. a., 2000). Ziel von Schlüsselqualifikationen ist es, das Individuum zu befähigen, auch in schwierigen, unvorhergesehenen Problemsituationen sicher und kompetent handeln zu können. Grundlage hierfür bildet das Vorhandensein von anwendungsbreiten Fähigkeiten und Fertigkeiten. Das bedeutet, es kommt nicht nur darauf an, spezifische Fachkenntnisse zu besitzen, sondern eine Kombination zwischen fachlichen, sozialen und methodischen Fähigkeiten im Sinne von Schlüsselqualifikationen rückt immer mehr in den Vordergrund (vgl. Arnold/Krämer-Stürzl, 1999, S. 22). Infolge der gegenwärtigen Diskussionen in der Berufswelt, daß Veränderungen heute schneller verlaufen als die Anpassung und Formulierung zeitgemäßer Berufsbilder und es für viele der boomenden Dienstleistungsbranchen noch keine präzise festgelegten Ausbildungswege gibt (vgl. Beck, 1999 sowie Voß/Dombrowski, 1998, S 69 f), erfaßt jeder von uns quasi automatisch die Gängigkeit und Triftigkeit von Schlüsselqualifikationen und wird sich dadurch der Unausweichlichkeit einer derartigen Entwicklung bewußt.

Für die Berufspädagogik als pädagogische Disziplin, die sich wissenschaftlich mit Prozessen der beruflichen Bildung beschäftigt, ergibt sich aus der beschriebenen Situation die Aufgabe, sowohl didaktische Konzepte für Unterweisungssituationen zu entwickeln, die neben fachlichen auch soziale und methodische Kompetenzen vermitteln, als auch der theoretischen Fundierung von Schlüsselqualifikationen nachzugehen. Die Rolle des Lehrers wandelt sich dabei vom bloßen Wissensvermittler zum Lernberater (vgl. Struck/Wörtl, 1999). Aus diesen Gesichtspunkten resultiert die überaus große Relevanz der Schlüsselqualifikationsthematik für die Berufspädagogik, da die Vermittlung, Förderung und theoretische Erforschung von Schlüsselqualifikationen darauf abzielen, einem schnellen Verfall arbeitsplatzbezogener Spezialqualifikationen entgegenzuwirken, um somit eine breite Nutzbarkeit und langfristige Verwertbarkeit beruflicher Lerninhalte zu erreichen. Die Bedeutung der Kritik am Konzept der Schlüsselqualifikationen erweist sich für die Berufspädagogik dann, wenn sie diese konstruktiv aufnimmt, versucht, Lösungswege aufzuzeigen und aus ihr in Hinblick auf die Gestaltung beruflicher Lehr- und Lernprozesse positive Konsequenzen zieht.

In den vergangenen Jahren entstanden Schlüsselqualifikationen überall und in großer Fülle. Das bedeutet, daß der Schlüsselqualifikationsbegriff alltags- und wissenschaftssprachlich in äußerst heterogenen Kontexten Verwendung findet. Inzwischen existiert ein kaum überschaubarer Bedeutungsspielraum der Fähigkeiten und Fertigkeiten, die als Schlüsselqualifikationen bezeichnet werden: Er reicht von Kreativität und Mobilität über Denken in Zusammenhängen, Kommunikationsfähigkeit, Problemlösefähigkeit, Teamfähigkeit, Kooperationsfähigkeit, Selbständigkeit, Lernbereitschaft, Entscheidungs- und Konzentrationsfähigkeit, verantwortungsvollem Handeln, Informationsverarbeitung, Flexibilität bis hin zu Genauigkeit, selbständigem Lernen und Durchsetzungsvermögen (vgl. Reetz/Reitmann, 1990). Im Rahmen dieser überwältigenden Menge an Lesemöglichkeiten ist zugleich ein breites Spektrum von Schwierigkeiten enthalten, denn Schlüsselqualifikationen wurden zwar rasch in verschiedenen Bereichen übernommen, ohne sie jedoch tiefgründig zu erforschen. Damit könnte man es freilich bewenden lassen, wenn nicht im Laufe der Jahre der Schlüsselqualifikationsbegriff in der Wissenschaft eine große Bedeutung erlangt hätte. Um über einen Begriff, wie ihn "Schlüsselqualifikationen" darstellt, kritisch argumentieren zu können, muß zunächst Klarheit darüber erlangt werden, wie er überhaupt definiert wird. Als Handwerkszeug des Denkens soll der Begriff ja eindeutig das bezeichnete Phänomen charakterisieren. Dies ist bei Begriffen, die facettenreich sind und deren häufige Benutzung einer eindeutigen Definition entgegensteht, nicht so einfach zu bewerkstelligen wie bei atypischeren Begriffen. In einem weiteren Punkt setzt sich das Problem mit dem Schlüsselqualifikationsbegriff fort, denn die Auseinandersetzung mit Schlüsselqualifikationen wird von vielen Wissenschaftlern in verschiedener Art und Weise vorgenommen. Das hängt mit ihrer jeweiligen persönlichen Ausrichtung als Forscher zusammen: So identifiziert sich ein Berufspädagoge beispielsweise eher mit dem Vermittlungsaspekt und der bildungstheoretisch-en Fundierung von Schlüsselqualifikationen. Qualifikationsforscher denken besonders an ihre empirische Erforschung, und für Wirtschaftswissenschaftler ist der Zusammenhang zwischen Schlüsselqualifikationen, ihrer Rolle und tatsächlichen Auswirkungen im Produktionsprozeß bedeutsamer, um nur einige Bereiche aufzuzählen. Mittlerweile sind Schlüsselqualifikationen wichtige Qualifikationsanforderungen im Beschäftigungsalltag geworden, so daß sich eine ständig steigende Anzahl von Veröffentlichungen darum bemüht, plausibel zu machen, was unter Schlüsselqualifikationen zu verstehen ist. Es herrscht eine einheitliche Auffassung darüber, Schlüsselqualifikationen als übergreifende Fähigkeiten, Fertigkeiten und Kenntnisse zu kennzeichnen, die in verschiedenen Bereichen anwendbar sind und das Individuum befähigen, konstruktiv mit neuen Techniken und Formen der Arbeitsorganisation umgehen zu können (vgl. exemplarisch Wilsdorf 1991 und Beck 1993). Unterschiedliche Meinungen existieren hinsichtlich der Tatsache, welche Fähigkeiten und Fertigkeiten Schlüsselqualifikationen darstellen. Der

Grund ist, daß Schlüsselqualifikationen ein Inhaltsproblem haben (vgl. Witt, 1990), da niemand in die Zukunft sehen und wissen kann, welche Fähigkeiten dann benötigt und welche Inhalte relevant sein werden, an denen Schlüsselqualifikationen vermittelbar sind. Schlüsselqualifikationen erweisen ihre Leistungsfähigkeit erst im Transfer auf neue Situationen, z.B. beim Lösen unvorhergesehener Probleme am Arbeitsplatz. Sie fallen einem nicht in den Schoß, sondern können zuvor nur anhand berufsspezifischer, existierender Inhalte trainiert werden (vgl. Kraft, 1999, S. 451ff). Diese Komplikation scheint jedoch nicht davon abzuhalten, dennoch den Schlüsselqualifikationsbegriff als "Wunderdroge" herzunehmen und zu glauben, mittels Schlüsselqualifikationen hätte man die Zukunft unter Kontrolle (vgl. Zabeck, 1989) und wäre im Stande, dabei eintretende Probleme perfekt zu bewältigen, ohne vorher Überlegungen über ihre Bedeutung und Funktion angestellt zu haben. Über Schlüsselqualifikationen reden heißt also zunächst, über Sinn, Zielsetzung und Zweck des Begriffs nachzudenken.

Aufgrund der bereits beschriebenen Vielfältigkeit von Schlüsselqualifikationen hat es immer wieder Versuche der Verallgemeinerung und damit verbunden auch Beiträge zur Verbesserung der Verständlichkeit des Begriffs gegeben.

Dem Beginn der ersten Forschungen über den Sachverhalt der Schlüsselqualifikationen folgte ein über mehrere Jahre andauernder wissenschaftlicher Diskurs darüber, für den im Laufe der Zeit sogar die Bezeichnung Schlüsselqualifikationsdebatte geprägt wurde. So werden vor allem kritische Fragestellungen bezüglich des Inhaltsproblems von Schlüsselqualifikationen, ihrer psychologisch-empirischen und damit auch theoretischen Einbindung, ihrer Transferierbarkeit auf andere Gegenstandsbereiche sowie methodischen Vermittlung innerhalb der beruflichen Bildung kontrovers diskutiert. Einige Wissenschaftler versuchen im Kontext dieser Debatte eigene Ansätze zu präsentieren und finden Lösungen für Probleme und Kritikpunkte vorhergehender Konzeptionen. Der Zauber, der von diesem Begriff ausgeht, sorgt aber weiterhin dafür, daß er in seiner Pluralität erhalten bleibt, daß sich die Wissenschaft damit abzufinden hat und seine jeweilige Verwendung klar abgrenzen und bezeichnen muß.

1.2 Problemstellung, Abgrenzung und zentrale Fragen

Die vorliegende Magisterarbeit verfolgt das Ziel, zur theoretischen Auseinandersetzung mit Schlüsselqualifikationen beizutragen und versucht unterschiedliche Problempunkte, die es mit dieser Thematik gibt, aufzuzeigen und hinsichtlich ihrer Inhalte zu ordnen. Außerdem wird ein theoretischer Ansatz als Orientierungsrahmen für empirische Untersuchungen eingebracht.

Genauer liegt die Problemstellung dieser Arbeit in der Untersuchung, das heißt, der Darlegung, Analyse und Interpretation der berufspädagogischen Kritik am Konzept der Schlüsselqualifikationen. Die Abgrenzung der Arbeit besteht darin, daß sich der Verfasser demzufolge auf die Texte und ihre inhaltsanalytische Bearbeitung stützt, die kritische Aspekte zum Schlüsselqualifikationsansatz aufweisen und auf Fragen der Methodik und Gesichtspunkte der Vermittlung von Schlüsselqualifikationen im Berufsschulunterricht sowie deren praktische empirische Erforschung mittels Datenerhebung nicht eingehen wird, da dies den Rahmen der Arbeit deutlich übersteigen würde.

Der Zeitraum der Untersuchung beginnt dabei mit der Analyse der Literatur, die nach 1974 erschien, dem Jahr, in dem D. Mertens in einem Zeitschriftenaufsatz das erste Mal den Schlüsselqualifikationsbegriff vorstellte, geht auf Publikationen der 1980er und 1990er Jahre zur Schlüsselqualifikationsthematik ein und berücksichtigt veröffentlichte Darstellungen und Texte bis einschließlich März 2001. Der Hauptteil der Literatur, die kritische Argumente enthält, wurde in der Zeitspanne zwischen Ende der 1980er bis Mitte der 1990er Jahre veröffentlicht.

Im Zusammenhang mit der Schilderung der Kritik an Schlüsselqualifikationen als Problemstellung dürfen diverse Gesichtspunkte der Allgemeinen Pädagogik von der berufspädagogischen Sichtweise auf Schlüsselqualifikationen nicht ausgeklammert, sondern müssen z.B. hinsichtlich der Überschneidung zwischen dem Schlüsselqualifikationsbegriff und dem Bildungsbegriff, eine Thematik der Allgemeinen Pädagogik, in der Problemstellung berücksichtigt werden. Außerdem ist es in Bezug auf die bisher mangelnde empirisch-psychologische Einbindung von Schlüsselqualifikationen notwendig, Vorüberlegungen, Systematisierungen und Randbedingungen zu erarbeiten, um eine spätere empirische Erforschung zu erleichtern. Dieser Anspruch gehört ebenso zur Problemstellung.

Aus ihr ergeben sich folgende zentrale Fragen, die in der Arbeit beantwortet werden: *(1) Welche kritischen Argumente zu Schlüsselqualifikationen werden von unterschiedlichen Wissenschaftlern in ihren Publikationen formuliert?*
(2) Welche Vorschläge zur Lösung der Probleme, die mit Schlüsselqualifikationen in Verbindung stehen, werden angeboten?
(3) Wie lassen sich die einzelnen Kritikpunkte systematisieren?
(4) Welche theoretischen Vorüberlegungen ergeben sich resultierend aus den vorliegenden Veröffentlichungen, auf deren Grundlage eine empirische Analyse von Schlüsselqualifika-tionen erfolgen könnte?

1.3 Aufbau und Methodischer Rahmen

Die Magisterarbeit besteht samt Einleitung aus sieben Kapiteln. Da Schlüsselqualifikationen nicht im Vakuum existieren, sondern Zusammenhänge zu benachbarten Inhaltskomplexen aufweisen, müssen aus methodischer Sicht trotz der Kernthematik des Aufzeigens der berufspädagogischen Kritik an ihnen diese Inhaltskomplexe angesprochen werden: Damit ist die begriffliche und bildungstheoretische Einordnung von Schlüsselqualifikationen gemeint, die im *zweiten Kapitel* vorgenommen wird. Dadurch, daß es sich bei Schlüsselqualifikationen um Fähigkeiten, Fertigkeiten und Kenntnisse handelt, gibt es einen engen Bezug zu den Begriffen "Bildung" und "Qualifikation". Sie werden von ihrer inhaltlichen und definitorischen Ausrichtung her beleuchtet. Als Bezugsrahmen des Bildungsbegriffs dienen die Ausführungen der klassischen Bildungstheoretiker J.H. Pestalozzi und W.v. Humboldt wie auch die Auffassungen des modernen Bildungsverständnisses, die z.B. bei W. Klafki zum Ausdruck kommen. Diese Aspekte werden auf den Schlüsselqualifikationsbegriff angewendet und dabei Gemeinsamkeiten, Unterschiede und Komplikationen zwischen dem klassischen und modernen Bildungsbegriff und dem Schlüsselqualifikationsbegriff aufgezeigt. Anmerkungen zum Qualifikationsbegriff fließen ebenfalls mit in diese Überlegungen ein. Es wird außerdem das Themenfeld der Allgemeinbildung eine Rolle spielen und geklärt, ob es sich bei Schlüsselqualifikationen nicht eigentlich um Inhalte der Allgemeinbildung handelt. Ferner dienen Ausführungen vom Deutschen Bildungsrat, der Bildungskommission NRW und dem Berufsbildungsbericht 2000 dazu, die zu untersuchende Materie bildungspolitisch einzuordnen. Gleichwohl treten die bildungstheoretischen Gedanken in ihrer Gewichtung und Relevanz eher hinter die Berufsbildungstheorien, in die Schlüsselqualifikationen gleichermaßen eingeordnet werden, denn in dieser Arbeit werden vorrangig berufspädagogische Argumentationslinien betont.

Ein weiteres Themenfeld, welches vor dem Einbringen der kritischen Punkte zu Schlüsselqualifikationen nicht ausgelassen werden darf, ist die Erörterung der Ursachen und Motive für die Aktualität von Schlüsselqualifikationen. Dies erfolgt im *dritten Kapitel*. Als Ursache wird der ökonomische Wandel von der Massenproduktion zur schlanken Produktion diskutiert. Insbesondere arbeitsorganisatorische Veränderungen zwischen den Produktions-konzepten des Taylorismus und der Lean Production sowie technische Neuerungen und deren Auswirkungen auf den Bereich der Berufsbildung stehen im Mittelpunkt.

Das *vierte und fünfte Kapitel* bilden den Hauptteil der Arbeit - die Darstellung und Analyse der berufspädagogischen Kritik am Konzept der Schlüsselqualifikationen. Zunächst wird im *vierten Kapitel* auf den ursprünglichen Ansatz von D. Mertens aus dem Jahre 1974 eingegangen, seine Ausgangssituation, Inhalte und Typologie von Schlüsselqualifikationen präsentiert. Es findet nicht nur die bloße Herausarbeitung seiner wichtigsten Standpunkte statt, vielmehr auch deren Interpretation, das heißt sie werden vom Verfasser gedeutet und hinterfragt. In diesem Zusammenhang können bereits erste kritische Punkte an Schlüsselquali-fikationen festgestellt werden. Die Forschungsmethode, die auch im fünften Kapitel verwendet wird, ist die Text- bzw. Inhaltsanalyse. Sie ist in den Kreis der interpretativen Forschungsmethoden der hermeneutischen Bildungsforschung einzugliedern und stellt eine qualitative

Forschungsmethode dar (vgl. z.B. Flick, 1995, S. 212ff und Huschke-Rhein, 1991, S. 124ff).

Die Präsentation und Analyse der Kritik an Schlüsselqualifikationen erfolgt im *fünften Kapitel* anhand exemplarisch ausgewählter, für den Untersuchungsgegenstand jedoch repräsentativer Texte. In einer derartigen Betrachtung können gewiß nicht alle Publikationen behandelt werden, da der Rahmen der Arbeit ansonsten überschritten werden würde. Methodische Orientierung für die Darstellung der Kritik an Schlüsselqualifikationen bildet die Einteilung der Texte in drei Gruppen Es werden jeweils drei Beiträge einer Gruppe zugeordnet. Innerhalb der Arbeit demonstrieren die Gliederungspunkte 5.2 bis 5.4 die drei Gruppen. In der ersten Gruppe werden Texte untersucht, deren Autoren Schlüsselqualifikationen als Konzeption zwischen Wunschtraum und Realität ansehen, selbst aber keine Lösung für die von ihnen formulierte Kritik anbieten. In der zweiten Gruppe werden Anstrengungen unternommen, Schlüsselqualifikationen mittels etablierter Theorien zu fundieren. In der dritten Gruppe steht progressives Gedankengut im Mittelpunkt, denn es wird im Vergleich zu den anderen beiden Gruppen versucht, zeitgemäße Sichtweisen in die Schlüsselqualifikationsthematik zu integrieren, um somit die Aktualität von Schlüsselqualifikationen zu unterstützen, z.B. durch eine neue Lehr-Lern-Kultur, eine für den Schlüsselqualifikationsbegriff veränderte Terminologie oder persönlichkeitsorientierte Aspekte. Mertens' ursprünglicher Ansatz dient dabei für die Wissenschaftler, die sich zur Thematik äußern, oft als Bezugspunkt, um ihre Kritik an Mertens und allgemein am Schlüsselqualifikationskonzept zu formulieren.

Das *sechste Kapitel* hat anwendungsbezogenen Charakter. Es verfolgt die Absicht, Vorüberlegungen für eine spätere empirische Untersuchung von Schlüsselqualifikationen zu leisten. Jene eigenen Vorüberlegungen werden in Form einer Aufstellung von Randbedingungen und Variablen von Schlüsselqualifikationen vorgenommen und methodisch in Modellen systematisiert. Das von mir kreierte Basismodell stellt die für Schlüsselqualifikationen notwendigen internen und externen Bedingungen dar und das Ebenenmodell weitere Bereiche (Ebenen), die Schlüsselqualifikationen tangieren. Aus dem Basismodell lassen sich Hypothesen formulieren, die operationalisierbar und mittels Datenerhebung empirisch prüfbar sind, somit Schlüsselqualifikationen näher erläutern und theoretische Schlußfolgerungen zulassen.

Im *siebten Kapitel* werden die wichtigsten Aussagen und Befunde kurz zusammengefaßt und es wird ein Ausblick auf die mögliche Entwicklung der Schlüsselqualifikationsthematik formuliert.

1.4 Forschungsstand und Literaturlage

Die wissenschaftliche Literatur zur Schlüsselqualifikationsthematik weist recht unterschiedliche Darstellungen, aber auch manchmal schwer durchschaubare Aspekte terminologischer und deskriptiver Art auf. Schminkt man sich die Illusion ab, irgendeine Wissenschaft und die in ihr vorhandenen Veröffentlichungen zu einer Thematik gänzlich zu erfassen, muß die Vielfalt und Gegensätzlichkeit wissenschaftlicher Positionen nicht ausschließlich als Quell von Verwirrungen beklagt werden. Die Berufspädagogik setzt sich vorrangig auf zwei Sektoren mit Schlüsselqualifikationen auseinander: Auf dem Sektor der Qualifikationsforschung versucht man, Schlüsselqualifikationen wissenschaftlich empirisch-theoretisch zu analysieren und auf dem pragmatischen Sektor der Planung und Durchführung von Unterricht an Berufsschulen steht die konkrete methodische Vermittlung von Schlüsselqualifikationen im Vordergrund. Es besteht aber ein weiteres, über die Berufspädagogik hinaus gehendes Interesse an Schlüsselqualifikationen, da in den letzten Jahren weitreichende technische und arbeitsorganisatorische Veränderungen stattgefunden haben, die mit Hilfe von Schlüsselqualifikationen effektiver bewältigt werden können. Mit derartigen Innovationen und den dafür geforderten Qualifikationen beschäftigen sich gleichermaßen Wirtschafts- und Arbeitswissenschaftler bis hin zu Psychologen.

Obwohl der Schlüsselqualifikationsansatz von Mertens seinen Ursprung in der Arbeitsmarkt- und Berufsforschung und somit eher theoretischen Charakter hat, widmet sich ein Großteil neuerer und neuester Veröffentlichungen Fragen der methodischen Vermittlung von Schlüsselqualifikationen, z.B. durch die Projektmethode, so auch

Matalik/Schade (1998) und Lang (2000). Auf der anderen Seite gibt es Publikationen zu einzelnen, speziellen Schlüsselqualifikationen zum Zwecke ihrer Nutzung in bestimmten Bereichen, wie z.B. Kreativität in Unternehmen, dargestellt in Beitz (1996).

Als Quellen dieser Arbeit dienen insbesondere berufspädagogische Fachbücher und Aufsätze verschiedener Wissenschaftler zur Schlüsselqualifikationsproblematik in Sammelbänden oder Fachzeitschriften, die ihre Kritik aus differenten Blickwinkeln formulieren. Durch die Nutzung von Texten, die bildungstheoretische Gesichtspunkte aus der Berufs- und Allgemeinen Pädagogik aufgreifen, ist ein besseres Verständnis des Phänomens "Schlüsselqualifikationen" und dessen Kritik möglich.

Die existierenden Darstellungen zeigen eine differenzierte Sichtweise in der Wissenschaftsmeinung. Zunächst ist hier der Sammelband von Reetz/Reitmann (1990) zu nennen, in dem die auch für diese Arbeit bedeutsamen Aufsätze von U. Lauer-Ernst, die das Bildungsziel der beruflichen Handlungsfähigkeit verteidigt und L. Reetz, der persönlichkeitsorientierte Aspekte in den Mittelpunkt stellt, enthalten sind. J. Zabeck (1989, 1991) kritisiert die mangelhafte empirische und psychologische Einbindung von Schlüsselqualifikationen und versucht eine Fundierung im Bereich der Kognitions- und Motivationspsychologie. Seine Ausführungen nehmen innerhalb der Texte zur Kritik an Schlüsselqualifikationen eine zentrale Rolle ein. Weitere wichtige Veröffentlichungen, die neue Aspekte und Perspektiven auf die Schlüsselqualifikationsthematik eröffnen und die demzufolge im Rahmen des Forschungsstandes nicht unerwähnt bleiben dürfen, sind die von Wilsdorf (1991), Beck (1993), Dubs (1996), Gonon (1996) und Lang (2000). Schließlich sei noch auf die Beiträge in berufspädagogischen Wörterbüchern, Lexika, Hand- und Einführungsbüchern verwiesen, die wichtige Hintergrundinformationen zur Thematik liefern (vgl. exemplarisch Schelten, 1994; Georg/Grüner/Kahl, 1995; Dubs, 1995; Gonon, 1999 und Kraft, 1999).

1.5 Zusatzanmerkung

Hiermit erkläre ich, daß ich die vorliegende Magisterarbeit gemäß den orthographischen und grammatikalischen Regeln der alten deutschen Rechtschreibung verfaßt habe.

2 TERMINOLOGISCHE UND THEORETISCHE ANNÄHERUNGEN: ZUM ZUSAMMENHANG VON BILDUNG UND SCHLÜSSELQUALIFIKATIONEN

2.1 Einführung: Die Notwendigkeit des Bildungs- und Qualifikationsbegriffs in der Schlüsselqualifikationsthematik

Es ist sicherlich verwunderlich, warum in einer Magisterarbeit, in der das Konzept der Schlüsselqualifikationen im Vordergrund steht, gerade den Begriffen "Bildung" und "Qualifikation" gesonderte Aufmerksamkeit geschenkt wird. Für den Qualifikationsbegriff läßt sich auf jeden Fall eine einleuchtende Erklärung finden, denn im Terminus "Schlüsselqualifikation" ist der Begriff "Qualifikation" bereits enthalten und darum ist es wesentlich, den Ursprung, die Inhalte und Bedeutungen des Qualifikationsbegriffes im allgemeinen und die des Begriffs "Schlüsselqualifikation" im speziellen zu beleuchten. Eine Legitimation für den Bildungsbegriff zu finden, gestaltet sich schon schwieriger, da er vom Wortlaut her nicht unmittelbar aus dem Schlüsselqualifikationsbegriff ableitbar ist. Dennoch ist es notwendig, den Bildungsbegriff in seiner Historizität und aktuellen Bedeutung mit anzuführen, da er zum einen zu den elementaren, wenn auch kontrovers diskutierten Termini der Erziehungswissenschaft gehört und zum anderen Anknüpfungspunkte zwischen dem Bildungsbegriff und dem Schlüsselqualifikationsbegriff feststellbar sind.

Durch die Wahrnehmung von Weiterbildungsangeboten erreichen Menschen höhere Qualifikationen und sie haben dadurch gleichzeitig ihren eigenen Bildungsstand erweitern können. Allgemeine Bildungsinhalte formen die Basis für den Erwerb weiterführender Kenntnisse, Fähigkeiten und Fertigkeiten, die dann als Qualifikationen zu betrachten sind.

Aus diesen Fakten wird deutlich, daß die beiden Begriffe "Bildung" und "Qualifikation" gar nicht so streng voneinander zu trennen sind, die Berufspädagogik in der Vergangenheit jedoch immer mehr den Qualifikationsbegriff - unterstützt durch die starke Präsens der Qualifikationsthematik in der Öffentlichkeit - thematisierte und sich damit, z.T. unbewußt, vom Bildungsbegriff distanzierte. Die Gründe dafür liegen z.B.

aber auch in der Tatsache, daß Qualifikationen als etwas Höherwertiges angesehen werden als Bildung und in der Alltagsauffassung sie letztlich die entscheidenden Größen für erfolgreiches berufliches Handeln darstellen (vgl. Schelten, 1994, S. 20).

Nach der Demonstration der Aspekte zu den Begriffen "Bildung" und "Qualifikation" wird sich der vierte Abschnitt der konkreten Gegenüberstellung der beiden Begriffe widmen und es soll ersichtlich werden, welcher Zusammenhang zum Schlüsselqualifikationsbegriff besteht. Zunächst aber zum Bildungsbegriff.

2.2 Der Bildungsbegriff

Der Bildungsbegriff ist der Begriff in der deutschen Pädagogik, dem im Laufe der Zeit häufig mehr unterschiedliche Bedeutungen und Inhalte zugeschrieben wurden als irgend einem anderen Fachausdruck. Das heißt, es existiert keine einheitliche Definition darüber, was Bildung ist, und dies macht den Bildungsbegriff zu einem der ungenauesten Termini in der Pädagogik (vgl. Blankertz, 1984, S. 65). Bei einem tiefgründigen Studium der Literatur, welche den Entstehungshintergrund des Bildungsbegriffs erläutert, wird klar, warum ihm keine einstimmige Definition zugeschrieben werden kann, denn die Aussagen darüber, wer als gebildet gilt und wer nicht, resultieren immer aus der jeweiligen kulturellen Epoche sowie ihrer Vertreter und deren Verständnis von Bildung (vgl. Hörster, 1995, S. 47). Epochen verändern sich aber und neue Zeitalter bringen neue Generationen hervor, die Begriffe, so auch den Bildungsbegriff, vor dem Hintergrund der Bedingungen des gerade vorherrschenden Zeitabschnitts deuten. Aufgrund der dadurch entstehenden Vieldeutigkeit des Begriffs "Bildung" wurde vorgeschlagen, in Deutschland ganz auf den Bildungsbegriff zu verzichten, doch dies gestaltet sich schwierig, da er mittlerweile im Alltag, in der Politik und auch in den Wissenschaften in aller Munde ist (vgl. Blankertz, 1984, S. 65). Populär sind "Wortbindungen, die er eingegangen ist, wie Bildungsforschung, Bildungsplanung, Bildungspolitik und dergleichen mehr." (Schwenk, 1989, S. 209) Um Relationen zum Schlüsselqualifikationsbegriff ausmachen zu können, ist es zunächst von Bedeutung, die Inhalte des klassischen wie auch modernen Bildungsbegriffs zu verdeutlichen.

2.2.1 Der klassische Bildungsbegriff (J. H. Pestalozzi und W. v. Humboldt)

In Anbetracht der Darstellungen zum klassischen Bildungsbegriff, werde ich mich nur auf das Bildungsverständnis von J. H. Pestalozzi und W. v. Humboldt beziehen, weitere Konzeptionsvorstellungen, beispielsweise von G. W. F. Hegel, D. F. Schleiermacher oder J. G. Fichte würden den Rahmen dieser Arbeit sprengen. Außerdem ist es möglich, anhand von Pestalozzis und Humboldts Bildungsauffassung Verbindungen zum Schlüsselqualifikationsbegriff aufzuzeigen.

Grundlage für den klassischen Bildungsbegriff bei Pestalozzi und Humboldt ist das Interesse am Individuum selbst, bei dem die Ausbildung der persönlichen Anlagen im Vordergrund steht und eine Abkehr von gesellschaftlicher Vereinnahmung erfolgt.

In Pestalozzis[1] Werk "Die Abendstunde eines Einsiedlers" (1780) wird ein optimistisches Menschenbild expliziert. Er geht von einem Entwicklungsprozeß des Menschen aus, der sich aus der Ordnung und Organisation der Natur ergibt. Das heißt, von der heimischen Stätte des Elternhauses, über das Berufs- und Staatsbürgerleben bis zum Leben im Einklang mit religiösen Inhalten, sollen die individuellen Kräfte frei in natürlichem Umfeld herausgebildet werden. Nur der Mensch, der seine inneren Anlagen und ausgebildeten Kräfte auch gebraucht, um den Alltag zu bewältigen, wird durch die Natur zu wahrer Größe und Weisheit geführt und gilt als gebildet (vgl. Pestalozzi, 1950, S.1ff). Der Satz "Erst bist du, Kind, Mensch, hernach Lehrling deines Berufes"(Pestalozzi, 1950, S.5), pointiert Pestalozzis Einstellung zum Bildungsbegriff: Für ihn hat für jeden Menschen, egal welcher sozialer Schicht er entstammt, allgemeine Menschenbildung vor jeglicher beruflichen und staatsbürgerlichen Bildung stattzufinden

---

[1] Johann Heinrich Pestalozzi lebte von 1746-1827 und zählt zu den klassischen Bildungstheoretikern. Er studierte Theologie und Jura und wendet sich bereits während des Studiums, angeregt durch die Gedanken von Rousseau, pädagogisch-philosophischen Fragen der Erziehung des Menschen zu. In der von ihm 1769 gegründeten Erziehungsanstalt Gut Neuhof unternahm der den Versuch, allgemeine und handwerliche Grundbildung miteinander zu verbinden. Von 1800-1804 war Pestalozzi Leiter einer Schule in Burgdorf und kehrte 1825 nach Gut Neuhof zurück. Seine wichtigsten Werke sind: "Abendstunde eines Einsiedlers" (1780), "Lienhard und Gertrud" (1781) und "Meine Nachforschungen über den Gang der Natur in der Entwicklung des Menschengeschlechts" (1797) (vgl. Ballauff, 1989, S. 154f).

-18-

(vgl. Lang, 1967, S. 160ff).

Ein ähnliches Verständnis von Bildung äußert W. v. Humboldt[1]. Auch er rückt die Identität eines jeden Menschen in den Mittelpunkt seiner Überlegungen (vgl. Koring, 1997, S. 99). Unter Bildung versteht Humboldt einerseits, daß das Individuum den Weg zu sich selbst findet und zum anderen die Fähigkeit besitzt, seine eigenen Kräfte zu einem harmonischen Ganzen zu formen (vgl. Humboldt, 1995 [^{1}1851], S. 64). Gebildet ist derjenige, der es vermag, die Verschiedenartigkeit der modernen Welt in sich zu einem subjektiven Bild zu integrieren. In diesem Zusammenhang vertritt Humboldt in seinem Werk "Ideen zu einem Versuch, die Gränzen der Wirksamkeit des Staates zu bestimmen" (1792) im Teilaufsatz "Über öffentliche Staatserziehung" die Position, daß die menschliche Bildung ungezwungen, von Individualität bestimmt und frei von gesellschaftlichen Zuständen erfolgen soll (vgl. Humboldt, 1995 [^{1}1851], S. 106). Allgemeine Menschenbildung vollzieht sich demnach vor beruflicher und standesbezogener Bildung. Allgemeinbildungsinhalte schaffen die Voraussetzung für die schwierigeren Gegenstandsbereiche einer Ausbildung auf beruflichem Sektor (vgl. Humboldt, 1993 [^{1}1809], S. 188) und sie sind die Basis für individuelle Selbstentfaltung. Erfolgt Bildung als Entwicklung der Persönlichkeit, durch Emanzipation zur eigenen Freiheit, kritische Auseinandersetzung mit der Umwelt, statt Anpassung und ohne Rücksicht auf gesellschaftliche Vorgänge, dann ist gewährleistet, daß Individuen untereinander verschieden sind. Gerade in dieser Unterschiedlichkeit der Charaktere sieht Humboldt die Chance gesellschaftlicher Weiterentwicklung (vgl. Humboldt in Tenorth, 1986, S. 32ff).

Humboldt erkannte schon seinerzeit die rasche Zunahme des Wissensbestandes der Menschheit und die Vielgestaltigkeit der Welt (vgl. Humboldt in Tenorth, 1986, S.

---

2) Auch Wilhelm von Humboldt gehört zu den klassischen Bildungstheoretikern und lebte von 1767-1835. Er studierte Jura und Klassische Philologie und arbeitete zuerst als Referendar am Berliner Kammergericht. Kontakte unterhielt Humoldt zu Klopstock, Fichte, Schiller und Goethe - der geistigen Elite des ausklingenden 18. Jahrhunderts. Er schaffte es mit Hilfe von Schleiermacher, das preußische Schulwesen zu reformieren und gründete die Berliner Universität. Er entwirft selbständig eine neue Struktur für die universitäte Ausbildung. Eines seiner wichtigsten Schriften: "Ideen zu einem Versuch, die Gränzen der Wirksamkeit des Staates zu bestimmen" (1792) (vgl. März, 1998, S. 383f und Berglar, 1999, S. 158ff).

32), was ihn zu der Frage führte, die auch heute im Zusammenhang mit Schlüsselqualifikationen aktuell ist, ob sich noch eine einheitliche Orientierung in der Ausbildung für die Menschen ableiten läßt oder ob es durch den schnellen Verfall des Wissens und der daraus folgenden Hilflosigkeit der Menschen, in einzelnen Situationen zu handeln, nicht besser wäre, die Aufmerksamkeit auf die Weitergabe unspezifischer Problemlösefähigkeit zu richten, damit die Individuen im Stande sind, diese allgemeinen Fähigkeiten auf komplizierte Zustände zu transferieren (vgl. Koring, 1997, S. 107), um sie zu meistern. Jene allgemeinen Fähigkeiten nehmen dann den Platz von Schlüssel- oder zentralen Fähigkeiten ein, die in vielen unterschiedlichen Lebenssituationen einsetzbar sind und zum Ziel führen sollen. In diesem Aspekt wird die Verknüpfung zwischen dem klassischen Bildungsbegriff und dem modernen Konzept der Schlüsselqualifikationen deutlich (vgl. dazu auch Bovet/Huwendiek, 1998, S. 34).

Zusammenfassend kann angeführt werden, daß mit Bildung nicht die bloße Anpassung der einzelnen Persönlichkeit an die staatlichen Ordnungen und Normen gemeint ist, sondern der klassische Bildungsbegriff setzt beim Individuum, der Mikroebene, an und geht nach anfänglicher allgemeiner Bildung des Menschen erst auf die höhere Makroebene der Gesellschaft mit ihrer Berufs- und Standesbildung. Die Bildung des Charakters und die freie individuelle Entwicklung stehen im Vordergrund.

Der klassische Bildungsbegriff ist, auch wenn es im 20. Jahrhundert zahlreiche Modifizierungen bezüglich der Tatsache gab, wer als gebildet angesehen wird und wer nicht, trotzdem in der Diskussion geblieben und man besann sich auf seine Inhalte, die als Sockel für diverse Neuentwürfe des Bildungsbegriffs genutzt wurden.

2.2.2 Das moderne Bildungsverständnis und die bildungstheoretische sowie bildungspolitische Einordnung von Schlüsselqualifikationen

Zunächst ist es für das Verständnis wichtig, eine Angabe darüber zu liefern, in welchem zeitlichen Rahmen Bildung als aktuelles Problem betrachtet werden soll: In den folgenden Ausführungen wird sich ausschließlich auf das Bildungsverständnis der Zeit nach 1945 und ihrer Vertreter konzentriert. Aufgrund der hohen Anzahl von

unterschiedlichen Definitionen und Argumente zum modernen Bildungsbegriff, die der bildungspolitische Diskurs der deutschen Pädagogik der Nachkriegszeit produzierte - man stelle sich vor, daß bereits zwischen 1968 und 1978 ca. 300 Neuformulierungen existierten (vgl. Gudjons, 1995, S. 199) - ist es für das Thema der Magisterarbeit nicht von zentraler Bedeutung, mehrere spezielle Bildungstheorien zu präsentieren, sondern die Intention ist es, einen allgemeinen Überblick über die Dimensionen eines modernen Bildungsbegriffs vorzustellen, der auf das Konzept der Schlüsselqualifikationen anwendbar ist. Natürlich ist dieses allgemeine Bildungsverständnis in Theoriemodellen renommierter Pädagogen integriert, so z.B. bei W. Klafki in seinen Werken "Studien zur Bildungstheorie und Didaktik" (1963) und "Neue Studien zur Bildungstheorie und Didaktik" (1985), auf dessen Argumente und Theorie der "Kategorialen Bildung" sich der Verfasser dieser Arbeit im Rahmen der Auseinandersetzung mit dem modernen Bildungsbegriff stützen wird. Des weiteren werden erörtert:
- der Zusammenhang zwischen Schlüsselqualifikationen und den Standpunkten der einflußreichen Bildungsgremien Deutscher Bildungsrat und Bildungskommission NRW sowie
- die Einordnung von Schlüsselqualifikationen in moderne Berufsbildungstheorien.

2.2.2.1 Relationen zwischen dem Bildungsbegriff bei W. Klafki und Schlüsselqualifikationen

W. Klafki, ein prägender Vertreter der deutschen Wissenschaftsszene der geisteswissenschaftlichen Pädagogik, prononciert Bildung als moderne pädagogische Kategorie, deren Ursprung in früheren Bildungstheorien liegt. Nach Klafki ist es eine wichtige Aufgabe der Pädagogik, die klassischen Positionen zum Bildungsbegriff aufzunehmen und sie vor dem Kontext heutiger gesellschaftlicher Anforderungen und Entwicklungsmöglichkeiten zu durchdenken (vgl. Klafki, 1985, S. 16). Dabei überwindet Klafki die Einseitigkeiten objektbezogener materialer Bildung einerseits, die die Inhalte in den Vordergrund rückt und die Problematik artikuliert, welche Inhalte aus der Wissensfülle über die Wirklichkeit die Schüler lernen sollen sowie subjektbezogene Bildung andererseits, die den Schüler mit seinen subjektiven wie auch objektiven Interessen zum Ausgangspunkt von Bildungsprozessen macht, die Relevanz der Verhaltensweisen für die Bewältigung gegenwärtiger und zukünftiger Situationen thematisiert und somit auf die Entwicklung der Kräfte des Menschen abzielt (vgl. Klafki, 1963, S. 27). Für Klafki ist es fruchtbarer Aspekte beider Bildungstheorien miteinander zu verschränken, wenn von Bildung die Rede ist (vgl. ebd., S. 38ff). Dies führt ihn zu seinem zur Diskussion gestellten Ansatz der Kategorialen Bildung:

Hierbei ist Bildung der Prozeß der aktiven Auseinandersetzung des Individuums mit der Welt, das heißt, besonders mit den sozialen und politischen Gegebenheiten einer Gesellschaft. Dabei erwirbt der Mensch inhaltliche Einblicke und notwendiges Basiswissen über die *objektive* reale Welt, sie wird für ihn durchschaubar, Zusammenhänge werden deutlich und dadurch kann er angemessenes Verhalten in seiner Umwelt zeigen. Aufgrund der gesammelten Erkenntnisse an und in der Welt erschließt sich der Mensch gleichzeitig selbst für die Lebensrealität, er lernt sich als Persönlichkeit kennen, ist in der lage seine Stellung in der Welt und seine Rolle zu definieren. Die Fähigkeiten des *subjektiven* Erlebens und Verstehens sind essentiell (vgl. ebd., S. 44) "Diese doppelseitige Erschließung geschieht als Sichtbarwerden von allgemeinen, kategorial erhellenden Inhalten auf der objektiven Seite und als Aufgehen allgemeiner Einsichten, Erlebnisse, Erfahrungen auf der Seite des Subjekts."(ebd., S. 43) In diesem Kontext ist Bildung freie Entfaltung der eigenen Individualität, der Fähigkeit zur Selbstbestimmung und der persönlichen Kräfte, die, wie auch im Sinne von Pestalozzi und Humboldt - damit wäre die Verbindung zum klassischen Bildungsbegriff erkennbar - zu einem Ganzen gebildet werden. Der Mensch wird infolge der Auseinandersetzung mit den Dingen seiner Umwelt und der selbständigen Verfügung über das Angeeignete fähig, sein Leben autonom und verantwortlich zu gestalten (vgl. Klafki, 1990, S. 95). Bildung wird demnach keiner bestimmten Klasse oder Schicht zuteil, sondern sie ist ein subjektiver Vorgang, der sich in jeder Person vollzieht - und auch in jenem Gedankengang kann auf Pestalozzi und Humboldt verwiesen werden. Gebildet ist der, der es versteht, konsumiertes Wissen anzuwenden und sich selbst zu verwirklichen (vgl.

auch Treml, 2000, S. 212ff).

Versucht man eine Verknüpfung zwischen dem Bildungsbegriff und den Schlüsselqualifikationen herzustellen, dann gelingt das dort, wo bei Schlüsselqualifikationen die allgemeinen anstelle von spezifischen Fähigkeiten hervorgehoben werden und unvorhersehbare Problemsituationen lösen helfen sollen. Ebenso plädiert Humboldt für eine allgemeine Menschenbildung, die Vorrang vor beruflichen Bildungsprozessen haben sollte und ihre Grundlage bereitet. "Durch die allgemeinen sollen die Kräfte, d. h. der Mensch selbst geläutert und geregelt werden; durch die speciellen soll er nur noch Fertigkeiten zur Anwendung erhalten."(Humboldt, 1993, S. 188). Nach Klafki findet Allgemeinbildung dort statt, wo das Augenmerk auf die Schlüsselprobleme und Brennpunkte der gegenwärtigen Zeit gerichtet ist (vgl. Klafki, 1985, S. 20f). Er meint, daß Bildung im Sinne von allgemeiner Problemlösefähigkeit und das Wissen über verschiedene Bearbeitungsmöglichkeiten von Gegenwartsproblemen dazu dienen, in zukünftigen Krisenmomenten handlungsfähig zu sein.

Wenn der Mensch kraft allgemeiner und nun als Schlüsselqualifikationen geltender Fähigkeiten und Fertigkeiten, die er auch aufgrund einer Reduktion komplexer Sachverhalte auf ihre fundamentalen Strukturen erworben hat, was Ende der 1960er Jahre in der Allgemeinen Didaktik als Didaktische Reduktion bekannt wurde (vgl. Glöckel, 1990, S. 45), fähig ist, auf situativ-komplexe, nicht abschätzbare Problemkonstellationen zu reagieren, erfolgt bei der Bewältigung dieser Situationen die offensive Auseinandersetzung mit der Welt, die für ihn einerseits durch die Lösung der Komplikationen klarer in ihren Zusammenhängen wird. Andererseits erfährt er sich selbst an ihr, öffnet sich für sie, gewinnt Selbstvertrauen und lernt, mit bestimmten Zuständen der Realität besser umzugehen, und das ist Bildung - auch im Sinne von Kategorialer Bildung, so wie sie Klafki expliziert. Ein erfolgreicher Transfer von Schlüsselqualifikationen ist nur dort zu verzeichnen, wo nicht nur wünschenswerte Fähigkeiten als Schlüsselqualifikationen in der Tradition formaler Bildung formuliert werden, sondern diese mit konkreten Inhalten, also der Seite der materialen Bildung, verbunden werden. In diesem Punkt wird wiederum der Zusammenhang von

Schlüsselqualifikationen und Klafkis Kategorialer Bildung deutlich. Ein erster Kritikpunkt, der sich ergibt und im weiteren Verlauf dieser Arbeit noch näherer Erörterungen bedarf, ist, daß Schlüsselqualifikationen einem Inhaltsproblem gegenüberstehen und befürchtet wird, aufgrund der Inhaltsarmut könnten Schlüsselqualifikationen einen Rückschritt in die formale, manchmal auch als funktional bezeichnete, Bildungstheorie (vgl. Reetz, 1990).

2.2.2.2 Bildungspolitische und schulpädagogische Positionen

Auch aus bildungspolitischer Sicht sind die Inhalte, die der Schlüsselqualifikationsansatz später expliziert, nicht völlig neu: Der Deutsche Bildungsrat, eine Beratungsinstanz, in der zwischen 1965 und 1975 eine Bildungskommission einer Regierungskommission Vorschläge zur Lösung für die immer vielfältigeren Aufgaben der Bildungspolitik unterbreitete, mit dem Ziel, eine effektivere Vernetzung zwischen Verwaltung und Wissenschaft zu erreichen (vgl. Reinhold/Pollak/Heim, 1999, S. 96f), betonte bereits 1970 die neben der Vermittlung von speziell fachlichen Inhalten eminente Bedeutung nicht fachlicher und allgemeiner Lernziele im Unterricht, um Zukunftsfähigkeit zu sichern: "Ein solch allgemeines Lernziel ist z.B. problemlösendes Denken als allgemeines Denkverfahren, das den einzelnen auch für die Bewältigung neuer und unerwarteter Aufgaben befähigt. (...) Einige der als besonders dringlich angesehenen Lernziele sind: Selbständiges und kritisches Denken, intellektuelle Beweglichkeit, (...) Ausdauer, Leistungsfreude (...)". (Deutscher Bildungsrat, 1970, S. 83)

Ebenso postulieren Schulforscher, wie K. Klemm, H.-G. Rolff und K.-J. Tillmann (1985), daß für die Berufsbildung eine ausführliche berufliche Grundbildung das Fundament sein müsse und ergreifen Partei für eine starke Ausrichtung auf die Allgemeinbildung: "Bildung, die auf das breite Spektrum von Arbeit, gesellschaftlichem Leben und Muße ausgerichtet sein soll, darf in den allgemeinbildenden Schulen nicht frühzeitig einsetzende Spezialbildung sein. Sie muß Orientierung in allen Lebensbereichen bieten, muß in diesem Sinne Allgemeinbildung sein."(Klemm/Rolff/Tillmann, 1985, S. 114) Die Bildungstheoretiker O. Hansmann und

W. Marotzki betonen die rapiden Veränderungen der Qualifikationsprofile in der Berufswelt, die durch Automatisierung von Arbeitsprozessen Einzug gehalten haben, und verbinden damit die Konsequenz, daß elementare, allgemeine Fertigkeiten Jugendliche effektiver auf das Arbeitsleben vorbereiten können als spezifiziertes, berufsbezogenes Faktenwissen, das womöglich nach kurzer Zeit wieder verfällt (vgl. Hansmann/Marotzki, 1988, S. 25ff).

Die Bildungskommission der Bundeslandes Nordrhein-Westfalen, bestehend aus unabhängigen Persönlichkeiten aus den Bereichen Wissenschaft, Wirtschaft und Verwaltung, hat von 1992 bis 1995 im Auftrag des damaligen Ministerpräsidenten Dr. h.c. J. Rau versucht, Antworten auf die Fragen nach den Auswirkungen der sich permanent verändernden Entwicklung im gesellschaftlichen Leben auf die Schulen und das öffentliche Schulwesen zu finden. Hauptziel war es dabei, als unabhängige Kommission die Landespolitik beratend zu unterstützen. Die Bildungskommission betont, daß sich heutzutage innerhalb der Gesellschaft Bildung dort behaupten muß, wo eine Komplexität an Strukturen und eine immer rasanter fortschreitende Entwicklung in einzelnen Bereichen im Vordergrund stehen. Diese Trends sollte ein leistungsfähiger, moderner Bildungsbegriff, vor allem im Rahmen schulischer Bildungsprozesse, berücksichtigen. Das bedeutet, daß Bildung wiederum als doppelwertiger Prozeß betrachtet werden muß; auf der einen Seite ist Bildung hierbei als individueller und auf der anderen Seite auch als auf Gesellschaft bezogener Lern- und Entwicklungsprozeß zu verstehen. Ein Bildungsbegriff, der die gesellschaftlich nützlichen Qualifikationen in den Mittelpunkt rückt und das Individuum befähigt, sich selbst als entdeckendes, gestaltendes und deutendes Wesen zu verwirklichen, ist für schulisches und außerschulisches Lernen besonders wichtig. Solche gesellschaftlich nützlichen Qualifikationen sind Schlüsselqualifikationen, vor deren Hintergrund Lernprozesse das Ziel verfolgen, mit Ungelerntem effektiver lernen umzugehen (vgl. Bildungskommission NRW, 1995, S. 30f).

Die Bildungskommission macht deutlich, daß eine unvermeidbare Zeitverzögerung zwischen den Entwicklungen in den verschiedensten gesellschaftlichen Bereichen und der Übertragung des aus diesen Wandlungen resultierenden Wissenspotentials in die Schule besteht. Schule sollte den Lernenden hingegen auf sein späteres Berufsleben vorbereiten, kann diesen Auftrag aber nur schwerlich erfüllen, wenn die vermittelten Lerninhalte in der Realität bereits wieder veraltet sind. Die Schule muß sich als Konsequenz daraus dem dynamischen Wandel stellen und das wird u.a. über die Befähigung zu flexiblem Handeln erreicht. Vor dem Hintergrund der Aktualität von Schlüsselqualifikationen muß über schulische und berufliche Erstausbildung neu nachgedacht werden (vgl. Bastian, 1993, S. 23). Das bedeutet vor allem, daß das Verhältnis zwischen Allgemein- und Berufsbildung so gestaltet ist, daß zukünftige Beschäftigte sowohl Veränderungsprozesse am Arbeitsplatz besser bewältigen als auch den eigenen Arbeitsalltag selbst mitgestalten können. Die bisher ungenügende Verzahnung zwischen Allgemeinbildung und beruflicher Bildung sieht die Bildungskommission NRW in traditionellen Bildungsmodellen begründet, in denen an allgemeinbildenden Schulen allgemeine berufliche Kompetenzen kaum in Allgemeinbildung integriert wurden. Werden von den Beschäftigten im Arbeitsleben Teamfähigkeit, Kooperation und Selbständigkeit gefordert, zeichnet sich die Schule hingegen durch Einzelarbeit von Lehrern und Schülern aus, was verdeutlicht, daß Schule und die Anforderungen der Berufswelt noch auseinanderklaffen. Die zentrale Aufgabe für die Schule liegt daher in der Vermittlung solcher Inhalte, die im Laufe der Zeit nicht veralten und gesellschaftliche Veränderungsprozesse überstehen. Die Bildungskommission NRW plädiert, die Vermittlung von Schlüsselqualifikationen zu intensivieren, die langfristig fortbestehen und welche die vom Beschäftigungssystem geforderten Qualifikationsansprüche erfüllen. Es sollten somit in der Erstausbildung im Rahmen der fachlichen Grundausbildung fächerübergreifende Bildungsinhalte einen größeren Prozentsatz ausmachen (vgl. Bildungskommission NRW, 1995, S. 53ff und Witthaus, 1996, S. 406ff).

2.2.2.3 Die berufsbildungstheoretische Einordnung von Schlüsselqualifikationen

Im Bereich der Berufspädagogik lassen sich Schlüsselqualifikationen bildungstheoretisch in den Katalog der neueren Berufsbildungstheorien innerhalb der "Theorie der antizipativen Berufsbildung" und der "evolutionären Berufsbildungstheorie" verorten.

Die "Theorie der antizipativen Berufsbildung", deren Hauptvertreter J. Zabeck (1984, 1991) ist, geht von einer engen Relation zwischen den wirtschaftlich-technischen Wandlungsprozessen und der Berufsbildung aus. Dabei wird dem Berufsbildungssystem eine relativ autonome Rolle zugewiesen, da es sich nicht durch die nachfolgende Anpassung an bereits neu eingeführte Innovationen aus Wirtschaft und Technik auszeichnet, sondern im Stande sein soll, Wandlungsvorgänge vorwegzunehmen und diese zeitlich zu überdauern. Antizipative Berufsbildung verfolgt demzufolge die Idee der gedanklichen Vorwegnahme von Zielen, Handlungen und Ereignissen im Bereich der beruflichen Bildung in Verbindung zur Technisierung des Arbeitsvollzuges. Um jenes Ziel zu erreichen, muß die Berufsbildung auch hier auf eine stärkere Vermittlung allgemeiner Qualifikationen hinarbeiten, da sie den Schlüssel (Schlüsselqualifikationen) zur problemlosen Erschließung von wirtschaftlich-technischen Veränderungen und Novitäten bilden und aus zeitlicher Perspektive permanent und an jedem Ort einsetzbar sind. In Rollenspielen können die Lernenden in der Berufsschule, beispielsweise durch die Vorwegnahme von Lösungen in konfliktträchtigen Sachlagen, Schlüsselqualifikationen für die Bewältigung analoger realer Situationen im späteren Arbeitsalltag erwerben. Von großer Bedeutung ist auf dem Gebiet der antizipativen Berufsbildungstheorie die Vorhersage, welche Auswirkungen die vorhersehbaren Veränderungen auf die Qualifikationsprofile und Anforderungen haben werden (vgl. Zabeck, 1984 und 1991, S. 48ff).

Die "evolutionäre Berufsbildungstheorie", die vor allem auf Arnold (1994, 1997) und Ott (1994, 1995) zurückgeht, betont die wachsende Bedeutung neuer Formen der Arbeitsorganisation, die Forderung nach berufsübergreifenden Qualifikationen (Schlüsselqualifikationen) beim einzelnen Mitarbeiter in Organisationen sowie die Ganzheitlichkeit des Lernens. Die Mitarbeiter konzentrieren sich nicht ausschließlich auf die Tätigkeiten an ihrem Arbeitsplatz, sondern sollen für das gesamte Unternehmen sensibilisiert werden, in dem sie betriebliche Entwicklungen kreativ mitgestalten können.

Dafür müssen sie die notwendige Handlungskompetenz besitzen, die Auszubildenden durch berufliche Bildung sowie Arbeitnehmern durch Aus- und Weitenbildungsmaßnahmen vermittelt werden kann. Handlungskompetenz wird besonders effektiv in offenen und handlungsorientierten Unterweisungssituationen erworben, in denen der Lernende in der Lage ist, sein Handeln reflektierend zu verarbeiten, sich selbst als Person zu erfahren, sich neue Qualifikationen anzueignen und diese in den Arbeitsalltag zu transferieren. Evolutionäre Bildungstheorie konzentriert sich somit auf die Förderung von Kompetenz, Identitätsentwicklung und "Entreglementierung des Lernens" (vgl. Arnold, 1997, S. 134ff). Gezielte Beachtung gebührt dem ganzheitlichen Lernen, welches insgesamt auf einer ganzheitlichen Inhaltsstrukturierung der beruflichen Lerninhalte fußt, das dem Menschen individuell-soziale wie auch inhaltlich-fachliche Fähigkeiten vermitteln soll - die gleichermaßen im Schlüsselqualifikationsansatz als funktions- und bereichsübergreifende Qualifikationen impliziert sind - und das auf vier Lernarten fokussiert ist: Dem inhaltlich-fachlichen Lernen mit der Intention der Ausprägung von Fachkompetenz, dem methodisch-problemlösenden Lernen, welches auf die Ausbildung von Methodenkompetenz abzielt, dem sozialen Lernen, das soziale Kompetenzen wie Kommunikations- uns Kooperationsfähigkeit schulen soll und dem affektiven Lernen, in dem es um die Aneignung personaler Kompetenz im Sinne von eigenverantwortlichem Handeln und Selbsterkennung geht (vgl. Ott, 1994, S. 199ff).

2.2.3 Aktuelle bildungspolitische Sichtweisen

Eine bedeutsame bildungspolitische Instanz, die sich gegenwärtig der Schlüsselqualifikations-thematik widmet, ist das Bundesministerium für Bildung und Forschung, welches jährlich den aktuellen Berufsbildungsbericht veröffentlicht. Im Berufsbildungsbericht des Jahres 2000 wird bereits im Einleitungskapitel die Wichtigkeit von Schlüsselqualifikationen angesprochen:

Ein leistungsfähiges Berufsbildungssystem hat dafür Sorge zu tragen, daß für die Auszubildenden individuelle berufliche Entfaltungsmöglichkeiten und die Basis für eine auf Zukunft orientierte Gestaltung der Arbeitswelt bestehen. Berufsbildung hat laut Bundesministerium nicht nur den Auftrag berufliches Wissen zu vermitteln, sondern gleichermaßen etwas zur Entwicklung der Persönlichkeit des Lernenden und zur Beschäftigungsförderung beizutragen. Während der gesamten Ausbildung sollte die Motivation der Auszubildenden für die Notwendigkeit der beruflichen und individuellen Weiterentwicklung im späteren Berufsleben gestärkt werden, mit dem Ziel, möglichst lang andauernde Beschäftigungsfähigkeit zu sichern, berufliche Entwicklungschancen zu eröffnen und dem durch die Unternehmen geforderten und sich ständig wandelnden Qualifikationsbedarf flexibel zu entsprechen. Schlüsselqualifikationen als fachübergreifende Qualifikationen versetzen die Beschäftigten einerseits in die Lage, vielseitig im Unternehmen eingesetzt werden zu können. Andererseits sind Schlüsselqualifikationen Mittel zur Steigerung der Zukunftsfähigkeit von Gesellschaft und Wirtschaft, da es Erwerbstätigen als Träger von Schlüsselqualifikationen möglich ist, Anschluß an die neuesten Entwicklungen in der Arbeitswelt zu halten.

Zusammenfassend kann betont werden, daß sich das Bundesministerium für Bildung und Forschung sowohl deutlich für die Vermittlung von Schlüsselqualifikationen als auch für Persönlichkeitsbildung - man beachte hier den Zusammenhang zwischen den Inhalten des klassischen und modernen Bildungsbegriffs sowie den derzeitigen bildungspolitischen Positionen - und die Bezugnahme auf den Qualifikationsbedarf des Arbeitsmarktes als gleichwertige Maxime einer zeitgemäßen Berufsbildung ausspricht (vgl. Bundesministerium für Bildung und Forschung, 2000, S. 1 und 12).

Bemerkenswert ist, daß auch der "Berufsbildungsbericht 2000" als aktuelles Dokument ein Beispiel für die Hervorhebung und umfangreiche Verwendung des Qualifikationsbegriffs ist und damit auf der einen Seite zu einer immer stärkeren Verbreitung dieses Begriffs im pädagogischen Vokabular beiträgt und den Bildungsbegriff auf der anderen Seite weiter verdrängt. Aus diesem Grund soll in den folgenden Abschnitten der Qualifikationsbegriff näher beleuchtet werden.

2.3 Der Qualifikationsbegriff

Der Qualifikationsbegriff ist relativ jung. Er entwickelte sich erst in den 1950er Jahren aus dem zwischen den Wirtschaftswissenschaften und der Pädagogik gebildeten Bereich der Bildungsökonomie (vgl. Nemitz, 1996, S. 1224). "Qualifikation" gehört heute zu den Begriffen in der Öffentlichkeit, die breite Aufmerksamkeit erregen. Das hat z. B. mit der enormen Bedeutung des Terminus für die Arbeitswelt zu tun, denn wenn sich eine Person um einen Job bewirbt, wird häufig nachgefragt, welche besonderen Fähigkeiten und Kenntnisse sie außer dem bereits erworbenen Schulwissen aufweisen kann. Diese zusätzlichen Fähigkeiten werden als Qualifikation bezeichnet. Sowohl im alltäglichen Leben als auch in der Wissenschaft gibt es viele divergierende Auffassungen darüber, was Qualifikationen sind (vgl. Schleucher/Maskow, 1983, S. 138f). Wir haben es in Bezug auf den Qualifikationsbegriff offenbar mit einem Konstrukt zu tun, das schwer abgrenzbar erscheint, und dieser Tatbestand wirkt bei der Suche nach einer allgemeingültigen Definition für den Begriff kontraproduktiv. Ein Grund für die verschiedenen Aspekte, die dem Qualifikationsbegriff zugeschrieben werden, liegt mitunter darin, daß eine Qualifikation etwas darstellt, was nicht direkt über die sinnliche Wahrnehmung von Individuen erfahrbar ist. Aussagen über das Vorhandensein von Qualifikationen können nur aus konkreten Situationen gewonnen werden, in denen Menschen agieren. Ebenso ist es möglich, von einer bewältigten Aufgabe mit bestimmtem Profil Rückschlüsse auf die Fähigkeiten und Kenntnisse einer Person, also ihrer Qualifikationen, zu ziehen. Diese Schlußfolgerungen sind kritikbehaftet, denn willkürlich könnten, durch Beobachtungen, aus jeder absolvierten Situation für die in ihr tätigen Menschen beliebige Qualifikationen geltend gemacht werden (vgl. Lempert, 1979, S. 38). Ist das im Alltag der Fall, handelt es sich um keine genauen Schlußfolgerungen mehr, sondern um bloße Spekulationen. Die Schwierigkeit liegt in der präzisen Abgrenzung des Qualifikationsbegriffs, d.h. zu entscheiden, wann etwas als Qualifikation bezeichnet werden kann und wann nicht.

Nach G. Grote (1987) lassen sich im gesellschaftlich-wirtschaftlichen Leben drei grundlegende charakteristische Merkmale für den Qualifikationsbegriff ausmachen:

1. Qualifikationen bezeichnen subjektives Verhalten,
2. Qualifikationen bezeichnen Anforderungen, die Individuen in auf Leistungen orientierten Prozeduren erfüllen müssen,
3. Qualifikationen deklarieren die im Gesamtproduktionsprozeß benötigten Voraussetzungen um ihn erfolgreich vollziehen zu können (vgl. Grote, 1987, S. 36).

2.3.1 Definitionsansätze zum Qualifikationsbegriff

Der Qualifikationsbegriff setzt sich in der Regel, auch wenn er hier und da durch unterschiedliche Autoren verschiedene Akzentuierungen erfährt, aus zwei Gesichtspunkten zusammen: Zum einen faßt man unter dem Qualifikationsbegriff alle kognitiven, affektiven und motorischen Fähigkeiten und Kenntnisse zusammen, über die ein Mensch verfügt, um Leistungsanforderungen in gesellschaftlich-ökonomischen Prozessen zu bewältigen und zum anderen sollten diese Fähigkeiten und Kenntnisse in Unterweisungssituationen vermittelt werden. Qualifikationen werden somit als individuelle Voraussetzungen für das Arbeitsarrangement angesehen. Es wird aber auch dann von Qualifikationen gesprochen, wenn es um die Gesamtanforderungen des Arbeitsplatzes geht. Der Erwerb von Zertifikaten aus dem Bildungssystem gelten als formaler Beleg dafür, daß eine Person bestimmte Qualifikationen besitzt bzw. ist aus der institutionellen Festlegung gewisser Tätigkeitsfelder die Qualifikationsstruktur ersichtlich, um in ihnen arbeiten zu können (vgl. Teichler, 1995, S. 501).

Genauso wie wir Definitionen zum Qualifikationsbegriff in pädagogischen Lexika finden, ist es möglich, sie in soziologischer, speziell industriesoziologischer Literatur nachzuweisen. Hier sind Qualifikationen genauso von der Arbeitswelt geforderte Fähigkeiten, die im Individuum vorhanden sein müssen, damit Arbeitsvorgänge mit Erfolg realisierbar sind (vgl. Kern/Schumann, 1977, S. 77). In der soziologischen Qualifikationsforschung existieren unterschiedliche analytische Ansatzpunkte. Qualifikationen werden entweder im Bereich der Arbeitsanforderungen, der Struktur der Aufgaben oder ausgehend von der Tätigkeit her untersucht. Die Arbeitsanforderungen bilden den Sektor, von dem die Qualifikationsforschung am häufigsten ausgeht. Es werden technische und soziale Arbeitsanforderungen unterschieden, wobei die technischen vor allem in der Handhabung von Maschinen und die sozialen eher auf der Ebene der Kooperationsfähigkeit mit Kunden, Kollegen und Vorgesetzten rangieren (vgl. Nemitz, 1996, S. 1232).

Kritikpunkte, mit denen die Qualifikationsforschung immer wieder konfrontiert wird sind die, daß Qualifikationen stets als Resultate schulischer Bildungsprozesse aufgefaßt werden und daß das eigenständige Aneignen von Sachverhalten sowie der persönliche Erfahrungsschatz im Beruf nur eine untergeordnete Rolle spielen (vgl. Franzke, 1989, S. 1290f). Außerdem wird von einer konkreten Passung zwischen Ausbildungsabschlüssen und bestimmten Berufspositionen ausgegangen. Diesem Standpunkt versucht die Flexibilitätsforschung einige Perspektiven entgegenzusetzen.

2.3.2 Exkurs in die Flexibilitätsforschung

Ausgangspunkt für die Flexibilitätsforschung ist die Gegenüberstellung der momentanen Lage der Wirtschaft auf der einen und der Qualifikationsstruktur auf der anderen Seite. Qualifikationsprofile sind für die Flexibilitätsforschung dynamische Gebilde, die sich über die Zeit mit den aktuellen technischen und ökonomischen Entwicklungen verändern, welche einzelne Berufsfelder beeinflussen. Es ist demnach nicht mehr zuvorderst notwendig, Energie auf die Vermittlung spezieller Kenntnisse für bestimmte Arbeitshandlungen aufzuwenden, sondern es sollte die Fähigkeit gelernt werden, sich immer neues Tätigkeitsvolumen aneignen zu können (vgl. Offe, 1975, S. 232f).

Daraus kann gefolgert werden, daß von Arbeitnehmern heutzutage Qualifikationen gefordert werden, die ihnen zur Ausführung verschiedener Berufe dienlich sind. In der Ausbildung, vor allem in der beruflichen, müssen Ausbildungsinhalte im Vordergrund stehen, die dem Auszubildenden möglichst langanhaltenden Nutzen erweisen, das heißt, seine erworbenen Qualifikationen sollen ihm breite Einsatzmöglichkeiten und damit bessere Chancen auf dem Arbeitsmarkt sichern (vgl. Heinz, 1991, S. 406). Derartige Qualifikationen werden als übergreifende Qualifikationen charakterisiert, die ihren Träger dazu befähigen, sich "ein reiches Spektrum von praktischen Aufgaben durch direkten und raschen Anwendungstransfer" (Mertens, 1974, S. 40) zu erschließen.

2.3.3 Herleitung des Schlüsselqualifikationsbegriffs aus dem Qualifikationsbegriff

Aufgrund der immer rasanter voranschreitenden Technologisierung und Informatisierung des Produktions- und Dienstleistungssektors konturiert sich im Hinblick auf die Bildungsplanung das Problem, mit welchen Qualifikationen Menschen denn ausgestattet werden müßten, um den Anforderungen, die die Veränderungen an sie stellen, gerecht zu werden. Schlüsselqualifikationen sollen hierbei Abhilfe schaffen. Sie sind zunächst, genauso wie Qualifikationen, Fähigkeiten und Kenntnisse. Handelt es sich bei Qualifikationen jedoch um konkrete berufsbezogene Fähigkeiten geringer Reichweite, das bedeutet, es sind Qualifikationen, die nach einigen Jahren veralten können, sind Schlüsselqualifikationen Qualifikationsprofile, die eine hohe Reichweite besitzen und demnach berufsübergreifende Kenntnisse und Fertigkeiten bezeichnen, die im Zuge der jeweiligen technischen Veränderungsprozesse nicht veralten. Sie sind allgemeine Berufsqualifikationen, auf deren Basis immer neue Lerninhalte aufgebaut werden können (vgl. Reetz, 1989, S. 3ff).

Es ist schwer, vor allem durch die Pluralität an Schlüsselqualifikationen, in der Fachliteratur eine allgemeingültige Definition des Schlüsselqualifikationsbegriffs zu finden, denn unterschiedliche Autoren betonen natürlich auch unterschiedliche Aspekte. Was für den einen besonders wichtig erscheint, ist für den anderen eher weniger bedeutsam. Man kann aber einen minimalen Bedeutungskern ausmachen, der sich in allen Definitionsversuchen zum Schlüsselqualifikationsbegriff befindet und der recht schlüssig durch Beiträge mehrerer Wissenschaftler, die mit der Materie aufgrund vieler Jahre eingehender Forschungstätigkeit bestens vertraut sind, im Sammelband "Schlüsselqualifikationen" von L. Reetz und T. Reitmann (1990) reflektiert wird. Beispielsweise definiert R. Witt (1990), um stellvertretend einen Vertreter zu nennen, Schlüsselqualifikationen darin als Fähigkeits- und Wissenspotential, sogenanntes Metawissen, das die Handhabung mit vernetztem Fachwissen, welches sich sowohl aus Faktenmaterial als auch aus Fertigkeiten der Anwendung zusammensetzt, erleichtert und die persönlichen Kompetenzen im Umgang mit komplexen, kurzfristig eintretenden Problemlagen stärkt (vgl. Witt, 1990, S. 95).

Gonon (1999) betont, daß im Vordergrund dabei die Vermittlung allgemeiner Problemlösefähigkeit steht, die Vorrang vor fachspezifischen Kenntnissen haben sollte (vgl. Gonon, 1999, S. 341). Kreativität und Teamgeist sind beispielsweise solche Schlüsselqualifikationen, die an Situationen angepaßt werden sollen, für die es derzeit keine Lösungen gibt und mit Hilfe derer man zukünftige, noch nicht detailliert prognostizierbare Prozesse der Arbeitswelt besser bewältigen will. Auch Georg, Grüner und Kahl (1995) führen in einem berufspädagogischen Wörterbuch unter dem Stichwort "Schlüsselqualifikationen" an, daß es sich dabei um tätigkeitsunabhängige Kenntnisse und Fertigkeiten handle, die der Schlüssel zu einer ungehinderten Aneignung rasant wechselnden Spezialwissens sind (vgl. Georg/Grüner/Kahl, 1995, S. 195). Im Laufe der Zeit hat es zahlreiche Interpretationen des Schlüsselqualifikationskonzepts gegeben, die dazu beigetragen haben, daß es heute eine fast unüberschaubare Anzahl an formulierten Schlüsselqualifikationen gibt. Das Thema der Schlüsselqualifikationen hat nicht nur die Berufs- und Wirtschaftspädagogik geprägt, sondern inspirierte darüber hinaus auch die Bildungspolitik und fand dort breite Zustimmung (vgl. Gonon, 1999, S. 342).

2.4 Resümee: Die Gegenüberstellung des Bildungs- und Qualifikationsbegriffs in Abhängigkeit zum Schlüsselqualifikationsbegriff

Qualifikation und Bildung sind zwei Fachbegriffe, die durch ihre Vieldeutigkeit Verwirrungen und Unklarheiten stiften können, wenn sie Wissenschaftler in ihren Konzepten und Theorien verwenden. Dieser letzte Teil des zweiten Kapitels verfolgt das Ziel, einerseits die Gesichtspunkte zum Qualifikations- und Bildungsbegriff zusammenzufassen, voneinander abzugrenzen und sie andererseits in Verbindung zum Schlüsselqualifikationsansatz zu analysieren. Um eine klare Unterscheidung des Qualifikationsbegriffs vom Bildungsbegriff hat sich J. Kade (1983) in einem Aufsatz bemüht, der bereits im Titel "Bildung oder Qualifikation?" das Problem offen anspricht.

Qualifikationen bezeichnen die Gesamtheit aller Fähigkeiten und Wissensbestände einer Person, die im Produktionssektor erforderlich sind. Mit der Verfügung über bestimmte Kenntnisse und Qualifikationen kann der Mensch gewisse Arbeitsgänge ausführen und sachkompetentes Berufshandeln offenbaren. Das heißt, Qualifikationen ermöglichen, daß der Gesamtarbeitsprozeß erfolgreich abgewickelt werden kann (vgl. Kade, 1983, S. 866). Aus diesen Ausführungen wird deutlich, daß Qualifikationen als Elemente fungieren, die an einen *bestimmten* Prozeß bzw. Aufgabenbereich und den in ihm auftretenden Profilen und Handlungsanforderungen gebunden sind. Arbeitssituationen stellen derartige, in der Praxis dynamisch erscheinende, Aufgabenbereiche dar, die sich von Zeit zu Zeit verändern und somit immer einer anderen Qualifikationsstruktur bedürfen. Erworbene Qualifikationen verlieren somit ihren Wert und deshalb plädiert J. Kade in seiner Publikation dafür, das Bewußtsein für lebenslanges Lernen noch stärker zu sensibilisieren (vgl. Kade, 1983, S. 866). Prozeßgebundene Qualifikationen[3] können durch Anlernzeit oder in der Berufsausbildung relativ schnell erlangt werden.

Bildung hingegen ist nicht an spezielle, arbeitsbezogene Prozesse gekoppelt, sondern Bildung wird selbst als Prozeß aufgefaßt, der sich nicht nur in privilegierten sozialen Schichten, sondern in jedem Individuum vollzieht. Bildung ist demnach ein subjektiver, nicht austauschbarer, universaler Vorgang, bei dem es um die Erschließung der Dinge der Welt für den Menschen und die Erschließung des Menschen für diese Dinge geht. Das Ziel im klassischen wie im modernen Bildungsverständnis ist, das Individuum zu seinem eigenen Ich zu führen und ihm ein für das Weltverstehen sowie eine für kritisches, kreatives und problemorientiertes Handeln notwendige Basisausstattung zu geben (vgl. Kade, 1983, S. 867). Bildung wird hier im Sinne von allgemeiner Menschenbildung und als *prozeßunabhängiges* Phänomen deklariert, auf dessen Grundlage jeglicher spezieller, für den Berufsalltag relevanter Kenntniserwerb erfolgen kann. Während spezifische

---

3) Diese Terminologie findet sich ebenso in Publikationen von H. Kern und M. Schumann. Sie unterscheiden prozeßgebundene- und prozeßunabhängige Qualifikationen. Andere Wissenschaftler haben in diesem Zusammenhang natürlich andere Bezeichnungen gewählt, z.B. tätigkeitsgebundene- oder tätigkeitsungebundene Qualifikationen, die inhaltlich jedoch dasselbe bedeuten. Ralf Dahrendorfs Bezeichnungen sind funktionale und extrafunktionale Qualifikationen, die im 4. Kapitel in Verbindung mit Dieter Mertens näher betrachtet werden.

Kenntnisse aufgrund immer wieder wechselnder Strukturen am Arbeitsplatz kurzlebig und vergänglich sind, kann der Mensch mit Bildung jedoch "alt" werden. Das konkrete Wissen und die Kenntnisse, die zur Ausführung von Arbeitstätigkeiten erforderlich sind, gelten hingegen als fachliche Qualifikationen. Die Erfordernis, daß sich Menschen vor ihrem Eintritt in die Arbeitswelt und den in ihr befindlichen Aufgabengebieten zu qualifizieren haben, hängt von der Tatsache ab, daß sich die Entwicklung der Arbeit in der Gesellschaft gegenüber der subjektiven Entwicklung der Individuen verselbständigte.

Wird das Konzept der Schlüsselqualifikationen in Betracht gezogen, werden Unklarheiten hinsichtlich der Benutzung der Termini offensichtlich. Schlüsselqualifikationen sind vor allem allgemeine Fähigkeiten, die berufsübergreifend sind, das heißt, sie sind auf verschiedene Arbeitssituationen übertragbar und damit für die Bewältigung von Aufgaben an unterschiedlichen Arbeitsplätzen von Bedeutung sowie zugleich Voraussetzung für eine konstruktive Weiterentwicklung der beruflichen Qualifikationen (vgl Wilsdorf, 1991). Es handelt sich damit um prozeßunabhängige Qualifikationen, mit denen die Arbeitnehmer schwer faßbare und unvorhersehbare Situationszustände in der Arbeitswelt effektiv lösen können. Die Aufmerksamkeit liegt auf den Worten 'prozeßunabhängige Qualifikationen'. Im Zuge der demonstrierten Definition zum Qualifikationsbegriff sind Qualifikationen aber prozeßgebundene Größen und nur Bildung findet prozeßunabhängig statt. Dementsprechend werden mit prozeßunabhängigen Schlüsselqualifikationen lediglich allgemeine Fähigkeiten bezeichnet, die, hierin liegt zugleich eine Kritik des Konzepts, schon als Sequenzen der Allgemeinbildung im Bildungsbegriff involviert sind und im Schlüsselqualifikationsentwurf nun die Funktion haben, gesellschaftlich-ökonomische Problemlagen der Gegenwart und Zukunft zu erkennen und Lösungen unter Zuhilfenahme von Strategien beruflichen Handelns vorzuschlagen (vgl. Weinbrenner, 1995, S. 252). Bei den Schlüsselqualifikationen wurde nicht der Bildungs-, sondern der Qualifikationsbegriff verwendet und man hat einen neuen Fachausdruck für schon Bekanntes eingeführt, was auch dazu beigetragen hat, daß der Bildungsbegriff, der in seinem Grundanliegen gleiches wie der Schlüsselqualifikationsbegriff expliziert, mit der Zeit immer mehr aus dem Blickfeld geriet, Schlüsselqualifikationen als absolute Neuerung und Allheilmittel angesehen werden und sich die Fachwelt der Pädagogen nun um den Qualifikationsbegriff und seine Zuschreibungen streitet.

Zusammenfassend läßt sich konstatieren, daß eine Qualifikation durch ihren Bedeutungsbezug auf den Besitz von tätigkeitsgebundenen Spezial- und Fachkenntnissen einen höheren Wert im ökonomischen Verwertungsprozeß hat als Bildung, Bildung jedoch die tätigkeitsungebundene, allgemeine Voraussetzung für den Erwerb von Qualifikationen verschiedenster Art konstituiert. Das Schlüsselqualifikationskonzept trägt dazu bei, die Berufsbildung aus ihrer traditionell fachspezifischen Orientierung auf reine Sachthemen herauszulösen und fachliche mit allgemeinen Lernzielen zu verknüpfen (vgl. Arnold, 1993, S. 24).

Bevor Schlüsselqualifikationen charakterisiert (Kapitel 4) und ihre Kritikpunkte (Kapitel 5) näher untersucht werden, soll in Kapitel 3 zunächst die Frage interessieren, warum sie heutzutage notwendige Fähigkeiten und Fertigkeiten für Individuen darstellen.

3 URSACHEN UND MOTIVE FÜR DIE AKTUALITÄT VON SCHLÜSSEL-QUALIFIKATIONEN

3.1 Einführung: Von der Massenproduktion zur schlanken Produktion

Ein Blick auf die Art und Weise, wie marktführende Unternehmen Produkte herstellen, verrät, daß in den letzten 20 Jahren ein Wechsel der Produktionskonzepte stattgefunden hat, der sich heute immer weiter weg von einer Massenproduktion für Massenmärkte hin zu einer flexibleren und schlankeren Produktion von Waren bewegt (vgl. Giddens, 1995, S. 526). Ein Grund dafür ist zweifelsohne die rasante Entwicklung neuer Technologien für den Produktionsprozeß, die es ermöglichen, daß kleinere Mengen an Produkten für spezielle Bedürfnisse der Konsumenten hergestellt werden können (vgl. Willke, 1998, S. 168f).

Doch wie gestaltete sich die Produktionsorganisation beispielsweise vor 25 bzw. 30 Jahren? Um diese Frage zu beantworten, ist es notwendig, die Ideen des Taylorismus als Arbeitskonzeption des frühen und mittleren 20. Jahrhunderts ins Zentrum der Betrachtung zu rücken. In ihm liegt die Aufmerksamkeit auf der Zergliederung von Arbeitsprozessen in Betrieben, was selbstverständlich Auswirkungen auf die Qualifikation der Mitarbeiter im jeweiligen Unternehmen hat. Wenn Arbeit so organisiert ist, daß zwischen einzelnen Handlungsschritten Rangfolgen entstehen, der Gesamtarbeitsprozeß demnach hierarchisch gegliedert ist sowie an Standardisierung zunimmt, haben bereichsübergreifende Qualifikationen immer weniger Bedeutung, denn sie werden beim bloßen Ausführen von vornherein festgelegten Teiltätigkeiten in ein und demselben Bereich nicht benötigt (vgl. Mikl-Horke, 1989, S. 30ff).

Aus diesen Aspekten wird schon deutlich, welcher Zusammenhang zwischen dem Konzept des Taylorismus und den Qualifikationen der Mitarbeiter in Betrieben besteht. Deshalb ist es bedeutsam, das Wesen, die Merkmale und Grenzen des Taylorismus darzulegen, um später in der Lage zu sein, Vergleiche zu modernen Formen der Arbeitsorganisation ziehen zu können, die auch die Notwendigkeit für eine breitere Qualifikationsstruktur der Erwerbstätigen nahelegen. Diese neue Qualifikationsstruktur

-38-

soll den Auszubildenden durch ein entsprechendes Methodenrepertoire bereits in der beruflichen Bildung nahegebracht werden. Zunächst jedoch zum Taylorismus:

3.2 Ziele und Grenzen des Taylorismus als traditionelle Arbeitsorganisation

Schon Ende des 18. Jahrhunderts präsentierte der berühmte Wirtschaftswissenschaftler A. Smith (1723-1790) in seinem Buch "Der Wohlstand der Nation" (1776)[4] der Öffentlichkeit, welche Vorteile die Arbeitsteilung als Form der Arbeitsorganisation bei der Steigerung der Produktivität liefert. Smith beschreibt in seinem Werk die Arbeitsteilung in einer Fabrik, die Nähnadeln herstellt. Er betont, daß ein einzelner Arbeitnehmer im Stande ist, ca. 20 Nadeln pro Tag zu produzieren, jedoch die Zerlegung des Gesamtarbeitsablaufes in einzelne Arbeitsgänge, in denen verschiedene spezialisierte Arbeiter tätig sind, dazu führt, die Produktivität deutlich zu erhöhen. Nun sind 10 Arbeiter fähig, 48 000 Nadeln pro Tag herzustellen (vgl. Giddens, 1995, S. 523).

Dieses Gedankengut wurde von dem amerikanischen Unternehmensberater F. W. Taylor[5] (1776) aufgegriffen und er kreierte den Ansatz der wissenschaftlichen Betriebsführung. In ihm steht die wissenschaftlich, methodisch genaue Erforschung industrieller Vorgänge im Vordergrund, mit dem Ziel, Gesamtarbeitsprozesse in Teilarbeitsprozesse aufzusplitten (vgl. Taylor, 1995, S. 32), die zeitlich korrekter erfaßt und effektiver organisiert werden können. Somit wird die Arbeitsleistung gesteigert, ohne eine übermäßige Belastung der Mitarbeiter zu erzwingen (vgl. Wilenski, 1972, S. 331).

---

4) Der englische Originaltitel lautet: "An inquiry into the nature and causes of the wealth of nations"

5) Frederick Winslow Taylor wurde am 20.03.1856 in Germantown bei Philadelphia (USA) geboren. Seine Vorfahren stammen alle aus England. Nach seiner Schullaufbahn und der Lehre in einer mechanischen Werkstatt wird Taylor Angestellter bei der Midvale Steel Company in Philadelphia. Dort steigt er bis zum Oberingenieur auf und sammelt erste praktische Erfahrungen auf dem Gebiet der industriellen Arbeitsmethoden, die Ausgangspunkt für seine späteren Studien über das von ihm entwickelte System des "Taylorismus" sind. 1906 wird Taylor Präsident der 'American Society of Mechanical Engineers' und Ehrendoktor der Universität Philadelphia. Bedeutendster Verdienst Taylors ist das Werk "Die Grundzüge wissenschaftlicher Betriebsführung" (1913), in dem er einen neuen Ansatz zur Arbeitsorganisation in Industriebetrieben vorstellt, der als "Taylorismus" bekannt geworden ist. Taylor stirbt einen Tag nach seinem 59. Geburtstag am 21.03.1915 (vgl. Crousaz, 1959, S. 293f).

In vielen Ländern haben die Ideen von Taylor den Ablauf der industriellen Produktion Anfang des 20. Jahrhunderts beeinflußt. Vor allem bei der Arbeit am Fließband, die zuerst in der Automobilindustrie eingesetzt und an denen Güter in großen Mengen (Massenproduktion) hergestellt wurden, ließ sich der Taylorismus am besten realisieren. Jeder einzelne Arbeiter hatte am Fließband eine spezielle Tätigkeit auszuführen.

Die Zergliederung der Arbeitsprozesse hat natürlich auch Nachteile. Der Taylorismus ist nur in solchen Branchen der industriellen Produktion leistungsfähig, in denen für große Märkte standardisierte Güter gefertigt werden. Heutzutage überwiegen in einer Dienstleistungsgesellschaft jedoch die facettenreichen und sehr spezifischen Bedürfnisse der Konsumenten, die eine flexible Warenherstellung erfordern und nicht durch einen Produktionsprozeß zu befriedigen sind, der auf Standardisierung der Produkte beruht. Im Taylorismus sind Arbeitskräfte nur einseitig qualifiziert, das heißt, sie besitzen die für ihre Teilaufgabe notwendigen Kompetenzen und sind demnach zwischen einzelnen Abteilungen einer Firma nicht austauschbar. Sie sind relativ unflexibel, andere Tätigkeiten auszuführen. Viele Arbeitnehmer haben aber den Wunsch nach intellektuell herausfordernder Arbeit und wollen in Entscheidungen und Problemlösungen, die auch über ihren Arbeitsplatz reichen, integriert werden. Es zeigt sich, daß der Taylorismus diesem inneren Bedürfnis entgegenwirkt, indem er Arbeitsprozesse immer mehr aufsplittet und hierarchisiert. Die im Individuum vorhandenen und über die eigene Arbeit hinausgehenden Fähigkeiten und Kenntnisse werden im Taylorismus nicht weiter betrachtet und bedeutsame Wissenspotentiale, die für Innovationen und kreatives Denken nutzbringend eingesetzt werden könnten, bleiben ungenutzt (vgl. Braczyk, 1991, S. 176f). Aufgrund des Erwerbs von Extraqualifizierungen, die außerhalb des Unternehmens oft durch reine Eigeninitiative erworben werden müssen, wächst die Unzufriedenheit und der Unmut der Arbeitnehmer bezüglich der Geringschätzung des bestehenden und angeeigneten Wissens durch den Betrieb. Der Taylorismus stößt ebenso an seine Grenzen, wenn es um die Sicherung der Qualität von Produkten geht. Da der einzelne Arbeiter nur das für seinen Teilbereich nötige Können aufweist, hat er keinen Überblick über den gesamten Produktionsprozeß.

Treten unvorhergesehene Störungen auf und ist dadurch die Qualität bestimmter Waren gefährdet, ist er nicht in der Lage, angemessen zu reagieren, um das Problem selbständig zu beheben. Er kann lediglich Hinweise an andere Spezialkräfte weiterleiten, deren Teilaufgabe es wiederum ist, Produkte zu kontrollieren und Produktionsunregelmäßigkeiten kompetent zu lösen (vgl. Mikl-Horke, 1989, S. 33ff).

Die für den Taylorismus typischen hochspezialisierten Betriebseinheiten hatten auch Auswirkungen auf die berufliche Bildung. Der Auszubildende wurde im Betrieb vorrangig mit Aufgaben des mechanischen, einseitigen Arbeitsvollzuges vertraut gemacht. Die Ausführung der Teilarbeiten in einem Bereich erfordert wenig eigenverantwortliche Planung und Evaluation durch den Jugendlichen. Der Auszubildende wird also von Beginn an nicht dazu befähigt, über auszuführende Arbeitsprozesse selbständig zu entscheiden. Die Flexibilität des künftigen Arbeitnehmers, in verschiedenen Abteilungen eines Betriebes einsatzbereit zu sein, wird nicht eingehend geschult. Um jedoch umfangreiche Einblicke in das Gesamtberufsfeld zu bekommen, damit Erfahrungen aufgebaut werden können, wäre es notwendig, genügend Freiraum für eigene Ansichten und Handlungen des Auszubildenden zu schaffen (vgl. Dubs, 1995, S. 171).

Vor allem durch die Einführung neuer computergesteuerter Produktionstechnologien Ende des 20. Jahrhunderts, die auf eine globale Vernetzung einzelner Arbeitsschritte ausgerichtet sind, ist es wichtig, Qualifikationen aufzuweisen, die bereichsübergreifend sind sowie sogenannte zentrale "Schlüssel" darstellen, die sichern, daß ihre Träger in den verschiedensten Abteilungen eines Unternehmens arbeiten können (vgl. Willke, 1998, S. 268). Die neuen Verfahrensweisen stehen somit im krassen Gegensatz zur tayloristischen Arbeitsorganisation. Die heutzutage vorherrschende und in ihren Ansätzen aus Japan stammende Produktionsweise setzt auf eine schlanke und flexible Herstellung *(lean production)* von Waren, die sich an den Bedürfnissen der Kunden orientiert und von einer Massenfertigung von Gütern, so wie im Taylorismus durch die Form der Fließbandarbeit, absieht (vgl. Esser/Kobayashi 1994). Viele moderne Unternehmen integrieren ihre Mitarbeiter in Problemlöseprozesse, das heißt, die gemeinsame Suche nach erfolgsversprechenden Lösungen für gegenwärtige Komplikationen steht im Vordergrund. Daraus wird deutlich, daß der Taylorismus als Arbeitskonzept in der Produktion immer mehr zurückgedrängt wird. Die Fragen sind nun: Was charakterisiert die schlanke und flexible Produktionsweise und welche Art von Qualifikation müssen die Arbeitnehmer mitbringen?

3.3 Paradigmawechsel und Innovationen in der Arbeits- und Produktionsorganisation: Lean Production

Der Terminus "Lean Production" stammt aus der englischen Wirtschaftssprache und bedeutet soviel wie schlanke Produktion. Dies bezieht sich auf eine flexible Fertigung von Erzeugnissen, die zum einen ohne verkrustete, hierarchisierte und zergliederte Formen der Arbeitsorganisation auskommt und zum anderen geringeres Rohmaterial, kürzere Entwicklungszeiten sowie weniger Personal benötigt (vgl. Ulich, 1994, S. 285f und 288f).Um die Merkmale der schlanken Produktion richtig verstehen zu können, ist es wichtig, die Faktoren herauszustellen, die eine schlanke Produktionsweise erforderlich machen bzw. sie begünstigen. Diese Faktoren stehen nicht isoliert nebeneinander, sondern wirken zusammen. Es sind der steigende Konkurrenzdruck, die Einführung neuer Technologien, die Umgestaltung des gesamten Arbeitsprozesses und die Anforderungen, die dadurch an die sozialen und kognitiven Kompetenzen der Mitarbeiter gestellt werden. In den folgenden Gliederungspunkten 3.3.1 bis 3.3.4 wird auf jeden Faktor genauer eingegangen.

3.3.1 Konkurrenzzunahme und Konkurrenzdruck

Der zunehmende internationale Wettbewerb äußert sich in dem ständig wachsenden Verbesserungsdruck, Produkte zu entwickeln, die eine hohe Qualität aufweisen. Der bestehende Markt orientiert sich an den Wünschen der jeweiligen Kunden, was bedeutet, daß der Käufer die Möglichkeit hat, aus einem Übermaß von Qualitätsgütern die für seine Bedürfnisse geeigneten auszuwählen. Dabei werden solche Firmen hohe

Verkaufszahlen nachweisen können, die das Anliegen des Kunden schnell bearbeiten, ihm außer der bloßen Ware auch ein reichhaltiges Serviceangebot unterbreiten und somit eine gut funktionierende Kundenbetreuung aufbauen. Um im täglichen Konkurrenzkampf zu überleben, gehört neben der Kundenorientierung auch die Fähigkeit, die bestehende Produktpalette zu erweitern. Bei der Entwicklung neuer Produkte sind alle Mitarbeiter gefragt, ihre Erfahrungen und Vorschläge einzubringen. Dafür sind Kenntnisse notwendig, die über den eigenen Arbeitsplatz hinausgehen. Unternehmen, in denen die Arbeitnehmer, die die Personen sind, die letztlich das Produkt fertigen, kein Mitspracherecht haben und keine bereichsübergreifenden Qualifikationen besitzen, da sie immer nur in tayloristisch arbeitsteiligen Prozessen tätig sind, werden es schwer haben, dem Konkurrenzdruck standhalten zu können (vgl. Bösenberg/Metzen, 1995). Nationale Maßstäbe verlieren im Wettbewerb immer mehr an Bedeutung, vielmehr dominiert der Weltmarkt das Wirtschaftsleben. In den letzten Jahren hat sich gezeigt, daß auch Länder mit einem weitaus niedrigerem Lebensstandard als Deutschland in der Lage sind, sich relativ schnell das Wissenspotential der führenden Industrienationen anzueignen und es mit großem Engagement nutzbringend einzusetzen wissen. Wer im internationalen Wettbewerb seine Konkurrenzfähigkeit sichern möchte, ist angehalten, fortschrittliche Verfahren zur Produktherstellung einzusetzen (vgl. Bullinger/Zinser, 1995, S. 3f). Damit solche Ziele realisierbar werden, sind verantwortungsbewußte Mitarbeiter gefragt, die sowohl soziale Kompetenzen als auch das nötige Fachwissen mitbringen. Neue Qualifikationsprofile, sogenannte Schlüsselqualifikationen werden zunehmend gefordert, welche darauf abzielen, neben fachlichem Wissen ebenso bereichsübergreifende Fähigkeiten wie z.B. Kooperations- und Kommunikationsfähigkeit zwischen einzelnen Firmenabteilungen zu ermöglichen (vgl. Hilbert/Stöbe, 1991, S. 210ff).

Der zweite Faktor, der in der schlanken Produktion eine Rolle spielt, ist die Entwicklung und Einführung neuer Technologien.

3.3.2 Neue Technologien

Ende der 1980er Jahre hielt die Mikroelektronik in den Unternehmen Einzug und wenn von moderner Technik im Produktionsprozeß die Rede ist, dann sind hier besonders die Informations- und computergesteuerten Technologien gemeint, die immer mehr an Bedeutung gewinnen. Durch Technik wird der Gesamtarbeitsprozeß rationalisiert, spezielle Computerprogramme übernehmen heute Arbeitsschritte, die früher per Handarbeit erledigt wurden. Die menschliche Arbeitskraft wird sozusagen durch Technologie abgelöst (vgl. Baethge/Baethge-Kinsky, 1995, S. 144ff). In der wissenschaftlichen Literatur ist dieser Gesichtspunkt Anfang der 90er Jahre des 20. Jahrhunderts unter dem englischen Begriff "Computer Integrated Manufacturing (CIM)" bekannt geworden. Doch trotzdem kommen auf die Mitarbeiter neue Anforderungen zu, denn sie müssen sich als Individuen mit einer veränderten Berufsrolle identifizieren. Die Elemente Technik, Arbeitsorganisation und personengebundene Qualifikation werden nicht isoliert voneinander betrachtet, sondern sie stehen nun im Wechselverhältnis zueinander. Der erfolgreiche Einsatz der Technik kann nur dann gelingen, wenn Arbeitsprozesse anders organisiert und vorhandene Mitarbeiter-qualifikationen besser ausgebaut werden. Eine Reorganisation der Arbeitsabläufe macht ein Umdenken in den Köpfen der Arbeitnehmer bezüglich ihrer Entscheidungen und der Zusammenarbeit mit anderen Mitarbeitern am Arbeitsplatz unabdingbar (vgl. Bullinger, 1990, S. 1ff). Hierzu ist es notwendig, daß im Unternehmen eine Arbeitsorganisation vorherrscht, die wenig standardisiert ist und über Abteilungsgrenzen hinausgeht (vgl. Weber, 1994, S. 22f sowie Staudt, 1995, S. 196f).

Die veränderte Position der im Arbeitsprozeß involvierten Personen zueinander und das dadurch einsetzende Umdenken sowie die Umorganisation des Gesamtarbeitsprozesses sollen nun noch etwas eingehender betrachtet werden und sie lassen sich ebenso zu einem eigenständigen Faktor im Konzept der Lean Production zusammenfassen.

3.3.3 Mitarbeiterpartizipation und Unternehmensstruktur[6]

In der Lean Production verändern sich die Positionen von Arbeitern zu Personen der Unternehmensführung. War der Arbeitnehmer in der tayloristischen Produktion bloßer Empfänger und Ausführer von Anweisungen, die ihm von den Abteilungsleitern zukam, ist er in der schlanken Produktion der Gestalter und Planer von Arbeitsprozessen, der mitreden darf, wenn es um die Durchführung der Produktion geht (vgl. Weinert, 1998, 241). Der Unternehmensleitung kommt dabei die Aufgabe der Koordination, Unterstützung und Beratung zu. Durch diese Art der Arbeitsorganisation kann die Qualität der hergestellten Güter sichergestellt werden, in der der einzelne Mitarbeiter das Recht hat, die Produktion zu stoppen, wenn er Qualitätsmängel bemerkt. Das erfordert selbstverständlich auch entsprechende Fachqualifikationen und die Fähigkeit, Probleme zu erkennen und selbständig zu lösen. In der schlanken Produktion werden die Arbeiter in einem viel größerem Aufgabenradius mit permanent wechselnden Tätigkeiten konfrontiert. Somit entsteht bei ihnen ein besseres Verständnis des Gesamtarbeitsprozesses von der Entwicklung bis zu Fertigung eines Produktes. Die einzelnen Firmenabteilungen, z.B. Zulieferer und Montage, arbeiten bei der Kreation neuer Waren zusammen. Dies erfordert gegenseitige Toleranz, die Bereitschaft, miteinander in Kontakt zu treten und den nötigen Überblick über den gesamten Arbeitsvollzug. Nur wer dazu fähig ist, kann Arbeitsziele und eine qualitativ hochwertige Warenherstellung miteinander verbinden. Folglich zeichnet ein fortschrittliches Unternehmen neben der ständigen Verbesserung der Produktqualität aus, daß seine

---

6) Zum Thema Mitarbeiterpartizipation und der veränderten Rolle der Unternehmen können ferner auch aktuelle Diskussionen aus der Politik referiert werden: Nach langem Hin und Her haben sich nun neue Impulse zur betrieblichen Mitbestimmung durchgesetzt, die am 14.02.2001 in Form eines zuvor von Arbeitsminister W. Riester (SPD) eingereichten Gesetzesentwurfs zur Reform der mittlerweile 30 Jahre alten Betriebsverfassung vom Bundeskabinett beschlossen wurde. Noch vor der Sommerpause 2001 soll das Gesetz den Bundestag passiert haben und damit verabschiedet werden. Vor allem werden die Mitspracherechte der Beteibsräte erweitert. An der Diskussion maßgeblich beteiligt war, unter der Führung von Bundeskanzler G. Schröder (SPD), Wirtschaftsminister W. Müller, der in 11 Punkten Änderungen an Rieseters Entwurf durchsetzen konnte. Kritik kam aus den Reihen der CDU, die durch die Reformen mehr Bürokratie befürchtet und von den Arbeitgebern, die besonders Müller verwerfen, er habe keinen Vorschlag aus der Wirtschaft berücksichtigt (vgl. Sächsische Zeitung, Nr. 39 vom 15.02. 2001, S. 1).

Mitarbeiter bereit sind, sich in neue Tätigkeitsbereiche einzuarbeiten und sich mit veränderten Situationen vertraut zu machen.

Der vierte Faktor bezieht sich auf die Person des Mitarbeiters selbst und welche Anforderungen im Rahmen des Unternehmens an seine Qualifikationen gestellt werden. Einige Aspekte wurden dabei schon in den vorhergehenden Punkten besprochen.

3.3.4 Qualifikationsstruktur der Mitarbeiter und die Rolle des Unternehmens

Betrachten wir die Qualifikationen, die in einer schlanken Produktion als wichtig erachtet werden, dann ist der Ausgangspunkt dafür immer die Situation des Marktes, der eine hohe Dynamik, Flexibilität und Mobilität als Eigenschaften von Arbeitnehmern und Unternehmensleitung gleichermaßen fordert. Derartigen bereichsübergreifenden Eigenschaften kommt eine gewisse Schlüsselposition zu, denn sie ermöglichen es, daß ihre Träger in unterschiedlichsten Bereichen tätig sein können. Der Mensch steht im Zentrum der Veränderung und seine Qualifikationen entscheiden über den Grad und die Güte der Produkte und Dienstleistungen. Der Wettbewerb fordert einerseits die Initiative und andererseits den Mut zum eigenverantwortlichen Handeln und zum Hervorbringen neuer kreativer Ideen. Permanente Bereitschaft zur selbständigen Weiterbildung, das Interesse für Entwicklungen innerhalb und außerhalb des eigenen Unternehmens und der Wille, alte Sichtweisen zu überwinden, sind Voraussetzungen für schöpferisches Denken, das zu Innovationen führen soll. Dabei muß das Unternehmen dazu motivieren, die schon vorhandenen sozialen und fachlichen Potentiale der Mitarbeiter zu aktivieren und zu vernetzen sowie für sie ein Umfeld zu schaffen, welches die Eigeninitiative fördert. Die für viele Unternehmensberater wichtigste Schlüsselqualifikation ist die Fähigkeit zur ungezwungenen Kommunikation. Fehlt aber beispielsweise die Kommunikation zwischen den einzelnen Unternehmensbereichen, wirkt sich das hemmend auf den Arbeits- und Produktionsvollzug aus. Den im Arbeitsprozeß stehenden Individuen muß die Möglichkeit des gegenseitigen Kontakts, z.B. durch dafür innerhalb der Arbeitszeit extra vorgesehene Qualitätszirkel[7] eingeräumt werden, um Unternehmensziele durchsetzen zu können. Mittlerweile hält der Markt genügend Angebote in Form von Kommunikationstrainings bereit, diese fehlende Schlüsselqualifikation möglichst schnell zu erwerben bzw. zu schulen. Offene Kommunikation schafft eine gemeinsame, verhandlungsfähige Basis, auf der Wissen und Erfahrungen gegenseitig austauschbar sind. Unsicherheiten können somit überwunden werden (vgl. Bullinger/Zinser, 1995, S. 3).

Betrachtet man sich nach diesen Erläuterungen die Qualifikationsanforderungen vor dem Hintergrund der derzeitigen Wirtschaftssituation, dann ist klar, daß solche Entwicklungen auch die berufliche Bildung tangieren, denn sie ist der Platz in der Gesellschaft, wo zukünftige Arbeitnehmer ausgebildet werden, die z.b. Flexibilität und Kommunikationsfähigkeit als Schlüsselqualifikationen besitzen sollten. Es kann also gefolgert werden, daß auf den Bereich der Berufsbildung völlig neue Aufgaben und Herausforderungen zukommen, die in Verbindung mit weiteren Schlüsselqualifikationen im nächsten Abschnitt dargelegt werden.

3.4 Neuorientierungen in der beruflichen Bildung

Der Auszubildende steht als handelndes und durch eigenes Handeln lernendes Individuum im Zentrum der beruflichen Bildung. Zugleich soll den neuen Anforderungen an eine umsichtiger und eigenständig tätige Arbeitskraft Rechnung getragen werden, Anforderungen also, die sich aus den aktuellen arbeitsorganisatorischen Konzepten

---

7) Der Begriff "Qualitätszirkel" stammt aus dem Englischen und heißt dort "Quality Control Circle" (QCC). Weitere Bezeichnungen sind z.B. Problemlöse- bzw. Kleingruppen, die alle die gleiche Grundstruktur haben. Der Qualitätszirkel ist eine Gruppe bestehend aus 4 bis 8 Mitgliedern, die freiwillig teilnehmen, sich die Themen selbst aussuchen und sich während der Arbeitszeit regelmäßig treffen, meist 1 Stunde pro Woche (vgl. Schubert, 1989, S. 6ff). Die Mitglieder greifen Probleme des eigenen Arbeitsbereiches auf und erarbeiten gemeinsam Lösungen. Als zielorientiert arbeitende Gruppe bringen sie im Qualitätszirkel ihre Kenntnisse und Erfahrungen ein. Ziel ist es, die Mitarbeitermotivation zu erhöhen, eine Verbesserung der Arbeits- und Produktqualität im Unternehmen zu erreichen und zur Entwicklung eines partizipativen Managements beizutragen. In ihnen können Schlüsselqualifikationen wie z.B. Team-, Kooperations- und Kommunikationsfähigkeit effektiv geschult werden (vgl. Zink, 1995, S. 14ff).

ergeben. Tayloristische Sichtweisen müssen überwunden werden, wozu unter anderem die Trennung zwischen schulischer Theorieausbildung und betrieblicher Praxisausbildung gehört. Der weitreichende ökonomische Strukturwandel, macht es unabkömmlich, die Art und Weise des Berufsschulunterrichtes von Grund auf zu prüfen. Die Anforderungen, die an den Auszubildenden herangetragen werden, nehmen zum einen immer mehr zu, auch im Hinblick darauf, daß sie als arbeitende Personen im späteren Leben häufiger ihren Job wechseln werden müssen und zu diesem Zweck ein gewisses Maß an Mobilität vorausgesetzt wird. Zum anderen ist es in der Berufsausbildung nötig, dem Jugendlichen die Ganzheitlichkeit der Arbeitsprozesse in einem Betrieb zu vermitteln und abzukommen von einer auf eine bestimmte Abteilung gerichtete Spezialausbildung. Dazu gesellt sich das innere Bedürfnis des Auszubildenden nach größerer Unabhängigkeit in seinen Entscheidungen und Erfahrungsmöglichkeiten. Jene Bestrebungen erfordern selbstbewußte Persönlichkeiten, die in der Lage sein müssen, mit ihren Fähigkeiten und Kenntnissen, auf nicht vorhersagbare Arbeitssituationen angemessen zu reagieren (vgl. Dubs, 1995, S. 171). Der Ausbildungsalltag in der beruflichen Bildung ist in Berufsschule und im Betrieb (Duales System der Berufsbildung) vorrangig auf berufsfachliche Inhalte ausgerichtet. Über das Fachliche hinausgehende Qualifikationen, z.B. Sozialkompetenzen, werden in die Berufsbildung noch zu wenig integriert. Die Konsequenz ist, daß Auszubildende nur schwer in der Lage sind, sich an permanente Veränderungen im Arbeitsalltag anpassen.

    Das Hauptaugenmerk in der beruflichen Bildung liegt auf der Reduzierung zu hoher Differenzierung und geht in den Betrieben in Richtung Teamarbeit. In Gruppen sollen erworbenes Wissen und Kompetenzen ausgetauscht werden. Gemeinsam mit Produktionsarbeitern entwickeln die Auszubildenden Lösungen für bestehende Probleme und Aufgaben (vgl. Arnold, 1990, S. 114). Die Teamfähigkeit ist eine wichtige Schlüsselqualifikation, die durch gruppenorientierte Arbeitsweise den Jugendlichen nahegebracht werden kann. Es ist notwendig, möglichst realgetreue Arbeitssituationen so oft es geht zu erleben. Die Auszubildenden müssen sich somit flexibel auf wechselnde

Arbeitssituationen in unterschiedlichen Bereichen einstellen und ihre eigenen Arbeitsvorhaben nach vorheriger Planung mit anderen am Arbeitsprozeß beteiligten Personen selbständig durchführen. Fehlt das dafür notwendige Wissen, muß es bei Mitarbeitern erfragt werden und dafür ist Kooperation, neben der Teamfähigkeit eine weitere Schlüsselqualifikation, wichtig. Das eigenverantwortliche Organisieren der Arbeit sowie das selbständige Lösen von Konflikten erfordert Mut und Selbstbewußtsein bei den Jugendlichen. Konkretes berufsfeldbezogenes Wissen wird hauptsächlich in den Arbeitsgruppen erworben, in denen offene Fragen zur Diskussion gestellt werden. Eine ganze Reihe von Ausbildungsberufen, z.B. des Elektro- und Metallbereichs, wurden in letzter Zeit umorganisiert. In ihren Lehr- und Lernzielen nehmen sie Bezug auf die Vermittlung der geforderten Schlüsselqualifikationen und integrieren die neuen Produktionstechnologien ebenfalls (vgl. Schelten, 1994, S. 91ff).

Die zu den Schlüsselqualifikationen zählenden Fähigkeiten und Kenntnisse spielten auch schon in den reformpädagogischen Vorstellungen im ersten Drittel des 20. Jahrhunderts und der darin stattfindenden Diskussion über die allseitige Bildung eine Rolle. Über berufliches Lernen sollte formale, soziale und ebenso personale Bildung betrieben werden (vgl. Kerschensteiner, 1979). Diese Ideen sind nun wieder aktuell, denn Berufsbildung wird heute zur Bildung der Persönlichkeit eines jeden einzelnen. Schlüsselqualifikationen können nur in einem offenen, ungezwungenen Lernprozeß vermittelt werden, dessen Gestaltung die Lernenden selbst mitbestimmen können. Die dafür pädagogisch relevante Konzeption ist der handlungsorientierte Unterricht, der sich durch facettenreiche Methoden, z.B. der Projektmethode, dem Planspiel, der Leittext-Methode und der Vier-Stufen-Methode, auszeichnet. Handlungsorientierten Unterricht erleben, heißt für die Akteure in erster Linie sich selbst zu erleben. In ihm geht es nicht vordergründig um die Vermittlung hochspezifischer Inhalte, sondern das Erlernen des Handelns an sich soll in Unterrichtssituationen im Mittelpunkt der Aufmerksamkeit stehen (vgl. Gudjons, 1997). Eine für einen bestimmten Sachverhalt entsprechende Theorie wird über die Lösung von berufsbezogenen Arbeitsaufgaben entwickelt, die sich mit Themenbereichen des Sachverhalts beschäftigen. Die Elemente Wahrnehmen,

Denken und Tun sind die zentralen Größen, die im handlungsorientierten Unterricht miteinander verbunden sind. Das wahrgenommene und im Anschluß daran auf Handlungsalternativen durchdachte Problem wird durch ein konkretes Tun abgerundet. Wahrnehmen und Denken werden aber nur dann zur Handlungseinheit, wenn beide Elemente in ein Tun umgesetzt werden. Das Tun wiederum hat Rückwirkungen auf das Denken und Wahrnehmen, dadurch, daß es beide Kategorien modifiziert.

Die Berufsbildung konzentriert sich insgesamt auf die über Fach,- Methoden- und Sozialkompetenz stattfindende Vermittlung beruflicher Handlungskompetenz. Die Fachkompetenz zielt auf die Verfügbarkeit von fachlichem Wissen, Methodenkompetenz expliziert das eigenständige Finden von Lösungen für komplexe Probleme durch das selbständige Aneignen neuer Kenntnisse und die Sozialkompetenz integriert die Fähigkeit, ein positives Selbstbild zu entwickeln und mit anderen Menschen in Gruppen zusammenarbeiten zu können. Im handlungsorientierten Unterricht kann der Lernende seine eigenen Erfahrungen einbringen und diese in Arbeitsteams oder Lerngruppen mit anderen Personen austauschen. Aufgrund des unmittelbaren Berufsbezugs soll er lernen, sich mit den an ihn herangetragenen Aufgaben zu identifizieren. Der Lehrer übernimmt hierbei eine Moderatorrolle und ist Lernberater (vgl. Bastian, 1993, S. 31), der den Lernenden vor allem dann hilft, wenn sie bei der Lösung eines Problems selbst nicht weiterkommen. Er ist angehalten, sich in die kreativen und ungewöhnlichen Lösungsvarianten der Lernenden einzudenken und diese zu akzeptieren.

3.5 Resümee : Taylorismus vs. Lean Production als Formen der Arbeitsorganisation im Vergleich

Die bedeutendsten Unterschiede zwischen dem Produktionskonzept des Taylorismus und dem der Lean Production bestehen in den Bereichen der Arbeitsauffassung und der Organisation der Produktionsprozesse, die Auswirkungen auf berufliche Bildungsprozesse haben und an sie neue Anforderungen herantragen.

Wird im Taylorismus als Arbeitsauffassung vor allem eine Trennung zwischen Denken und Handeln praktiziert, ist demgegenüber eine Integration von Denken und

Handeln ein Charakteristikum des Konzepts der Lean Production. Die Konsequenz, die sich daraus für die Ausbildung zukünftiger Fachkräfte ergibt, tendiert in Richtung der Vermittlung eines ganzheitlichen Denkens. Niedrig qualifizierte Arbeitnehmer und hoch arbeitsteilige Arbeitsplätze im Taylorismus stehen qualifizierten Arbeitskräften und im Arbeitsteam zu bewältigende Aufgaben in der Lean Production gegenüber. Durch den Einsatz von Qualitätszirkeln in Unternehmen können das Lernen und Handeln in Arbeitsgruppen, die Teamfähigkeit und grundlegende interpersonale Kommunikations- und Kooperationstechniken im Sinne einer Sozialkompetenz als Schlüsselqualifikation trainiert werden. Betrachtet man sich die Merkmale des Taylorismus bezüglich der Planung und Strukturierung von Arbeitsaufgaben, wird klar, daß es sich im Gegensatz zur Lean Production um eine standardisierte Ablaufplanung der Arbeit durch Spezialabteilungen eines Unternehmens handelt und der einzelne Mitarbeiter in derartige Vorhaben keinen Einblick hat, da er in Entscheidungsprozesse nicht eingebunden wird, sondern derjenige ist, der relativ unflexibel seine Arbeiten mechanisch, z.B. am Fließband, ausführt. In der Lean Production hingegen liegt das Hauptaugenmerk auf einer systematischen Produktionsplanung, welche die individuellen Wünsche und Anforderungen des Kunden berücksichtigt und die Mitarbeiter in die sich auf die Arbeitsplanung beziehenden Entscheidungen involviert. Somit hat der Beschäftigte die Möglichkeit, sein Arbeitshandeln reflektierend zu verarbeiten, kann es selbst evaluieren und ist zu eigenständigen Verbesserungen in der Lage. Das setzt bei ihnen Verantwortungs-bereitschaft und die kritische Bewertung des eigenen beruflichen Handelns als Fähigkeiten voraus, die im Laufe der beruflichen Ausbildung, z.B. durch Projektunterricht, zu fördern sind. Der rationalen Massenproduktion von Gütern im tayloristischen Herstellungsprozeß sind Tendenzen der seriellen Einzelfertigung in der Lean Production entgegenzusetzen, in der die Erwerbstätigen nicht an riesigen Fließbändern stehen, sondern an verschiedenen kleineren Produktionsanlagen arbeiten. Geistige und physische Wendigkeit sind hierbei auch die Schlagworte für die Gestaltung von Ausbildungssituationen, in denen so der Umgang mit Unsicherheit und Neuem geübt werden kann. Breit angelegte fächerübergreifende Lernfelder sind grundlegende

Reaktionen der Berufsschulen auf die wachsende Flexibilisierung der Berufe (vgl. Uhtenwoldt, 2000, S. M25) und die darin erworbenen (Schlüssel-) Qualifikationen sind Elemente, die den Auszubildenden in ihrem späteren Berufsleben helfen sollen, mit Problemsituationen umzugehen.

Resümierend kann angeführt werden, daß sich das leistungsfähige Produktionskonzept der Lean Production durch eine starke Gewichtung der übergreifenden Qualifikationen und die Entspezialisierung der Einzelarbeitsplätze auszeichnet sowie sich gegen bloßes mechanisches Berufshandeln richtet.

4 DER ANSATZ VON D. MERTENS

4.1 Einführung: Die Entstehung des Schlüsselqualifikationsansatzes im Kontext des Entwurfs der funktionalen und extrafunktionalen Qualifikationen von R. Dahrendorf

D. Mertens, der ehemalige Direktor des Instituts für Arbeitsmarkt- und Berufsforschung, ist der Begründer des Schlüsselqualifikationsbegriffs, den er erstmals 1973 auf der "Third World Future Research Conference" in Bukarest (Rumänien) präsentierte (vgl. Bunk/Kaiser/Zedler, 1991, S. 366). Bereits 1974, ein Jahr später, publizierte Mertens seinen Beitrag als Aufsatz in der Fachzeitschrift "Mitteilungen aus der Arbeitsmarkt- und Berufsforschung" unter der Überschrift "Schlüsselqualifikationen. Thesen zur Schulung für eine moderne Gesellschaft".

Einer breiten Öffentlichkeit sind inzwischen "Schlüsselqualifikationen" als einer der gängigsten Begriffe für die gegenwärtigen Qualifikationsanforderungen geläufig. D. Mertens hat es mit seinem Aufsatz und den nachfolgenden Schriften zu dieser Thematik geschafft, den Aufmerksamkeitsraum von Wissenschaft und Öffentlichkeit so nachhaltig zu besetzen, daß die wissenschaftliche Diskussion über Schlüsselqualifikationen entbrannte und alsbald auf verschiedensten Ebenen viele Fähigkeiten und Fertigkeiten formuliert wurden, die als Schlüsselqualifikationen anzusehen sind.

Wenn es in diesem Kapitel um den Schlüsselqualifikationsansatz von Mertens gehen soll, darf der renommierte Soziologe R. Dahrendorf nicht unerwähnt bleiben, der sich schon 1956 in einem Zeitschriftenaufsatz mit dem Titel "Industrielle Fertigkeiten und soziale Schichtung" mit der Qualifikationsthematik beschäftigte und damit zum Verständnis des späteren Schlüsselqualifikationsansatzes beigetragen hat. Dahrendorfs Auffassungen von notwendigen Qualifikationen in der Arbeitswelt sind dabei als Vorläufer von Mertens' Schlüsselqualifikationen zu verstehen.

Dahrendorf führt funktionale und extrafunktionale Qualifikationsanforderungen an. Bei dieser Unterscheidung orientiert er sich am dichotomen Charakter der Arbeit, über den schon Karl Marx schrieb. Das bedeutet, die Arbeit ist zum einen konkret, denn sie produziert nützliche Gebrauchswerte und zum anderen abstrakt, da sie sich nicht von selbst erledigt, sondern für ihren Vollzug menschliche Anstrengung Voraussetzung ist. Funktionale Qualifikationen sind nach Dahrendorf an ganz bestimmte Arbeitsprozesse gebunden, das heißt, sie erfüllen nur in einem konkreten Arbeitsgebiet ihre Funktion und führen demzufolge in einem anderen nicht zum gewünschten Erfolg. Funktionale Qualifikationsstrukturen sind von der Terminologie her genau das, was an anderen Stellen dieser Arbeit schon als prozeß- oder tätigkeitsgebundene Qualifikationen bezeichnet wurde. Mit extrafunktionalen Qualifikationen meint Dahrendorf die Fähigkeiten, die auf unterschiedliche Arbeitsbereiche übertragbar sind, sie sind nicht an spezielle Produktionsverhältnisse und Arbeitsprozesse gekoppelt (vgl. Dahrendorf, 1956, S. 542ff). Extrafunktionale Qualifikationen entsprechen dem prozeß- oder tätigkeitsungebundenen Qualifikationsarrangement und sie können aufgrund ihrer übergreifenden Beschaffenheit gleichermaßen als Schlüsselqualifikationen angesehen werden. In diesem Zusammenhang finden sich durch Dahrendorf bereits 1956 erste theoretische Ansätze zur Qualifikationsproblematik, welche die Aktualität von universellen Fähigkeiten für die Beschäftigten in der Arbeitswelt in den Vordergrund rücken und die später in den 1970er Jahren den von D. Mertens kreierten, von der Fachwelt teilweise hochgelobten und für völlig neu befundenen Schlüsselqualifikationsansatz ausmachen. Mertens hat für seine Argumentation lediglich eine andere Begrifflichkeit als R. Dahrendorf gewählt, er spricht nicht von extrafunktionalen Qualifikationen, sondern von Schlüsselqualifikationen. Der inhaltliche Grundtenor ist jedoch derselbe.

In seinem 1974 erschienenen Aufsatz formuliert Mertens folgende Ausgangssituation auf dem Arbeits- und Bildungssektor, die mit Hilfe von Schlüsselqualifikationen verbessert werden kann:

4.2 Mertens' Ausgangssituation

Im Zentrum der Betrachtung steht für Mertens der junge Mensch und seine Stellung auf dem gegenwärtigen Arbeitsmarkt sowie im Gesamtsystem der Gesellschaft. Sowohl innerhalb der Arbeitswelt als auch im privaten Bereich erkennt Mertens ein immenses

Entwicklungspoten-tial, welches im Vergleich zu Agrargesellschaften ein Charakteristikum des modernen Industriezeitalters ist und breitgefächerte Veränderungen mit sich bringt. Auf derartige Wandlungsprozesse müssen Jugendliche während ihrer Schulzeit und der daran anschließenden Berufsausbildung aufmerksam gemacht werden. D. Mertens behauptet, daß die Inhalte der beruflichen Bildung keinen ausreichenden Beitrag mehr zur Vorbereitung des jungen Individuums auf die spätere Berufslaufbahn und sein Leben leisten, da sie im derzeitigen Zustand vorrangig auf die Vermittlung fachbezogener Fertigkeiten und Wissenstrukturen ausgerichtet sind und somit eine freie Entfaltung der Persönlichkeit und der Sicht auf die Dinge der Welt außerhalb von Ausbildungssituationen sowie ein auf Gesellschaft bezogenes Handeln nicht vollends ermöglichen. Die Lehr- und Lerninhalte treten für den Lernenden oft ohne einen entsprechenden praktischen Anwendungsbezug in Erscheinung (vgl. Mertens, 1974, S. 39). Demzufolge müsse nach Mertens eine Neuorientierung in der Berufsbildung erfolgen, "(...) welche die durch die Differenziertheit und Fluidität der Arbeitswelt (...) unvermeidlichen Umstellungs- und Anpassungsfriktionen minimiert" (ebd., S. 39) und die Befähigung zur selbständigen Problembewältigung noch vor der alleinigen Vermittlung von speziellem Wissen deutlich macht (vgl. Mertens, 1989, S. 86). Jene Neuorientierung der beruflichen Bildung sieht Mertens in der Konzentration auf die Vermittlung von Schlüsselqualifikationen (vgl. Mertens, 1974, S. 40). Sie könnten die künftige Arbeitnehmergeneration für dynamische und vielschichtige Innovationen im technischen, sozialen und ökonomischen Bereich besser sensibilisieren und es ihr ermöglichen, mit ihnen umgehen zu können und angemessen auf sie zu reagieren.

    D. Mertens vertritt in seinem Aufsatz die These, daß sich zukünftige Prozesse, ob in der Arbeitswelt, in der Wirtschaft oder im sozialen Umfeld, nicht präzise vorhersagen lassen. Aufgrund dieser Tatsache schlägt er vor, das nicht Vorhersagbare zu akzeptieren und es zum Ausgangspunkt zu machen, wenn es um Entscheidungen auf dem Bildungssektor geht (vgl. ebd., S. 39). Bildung in diesem Sinne sollte mehrdimensional sein, das heißt zum einen, den Erwerb fachbezogenen Wissens für den reibungslosen Vollzug von Produktions- und Arbeitsvorgängen berücksichtigen und zum anderen die

Entfaltung der Individualität des Lernenden integrieren. Das hat zur Folge, daß innerhalb der Berufsbildung eine größere Loslösung von speziell Fachbezogenem stattfinden muß und als Zielvorstellung eine stärkere Verallgemeinerung der Stoff- und Gegenstandsbereiche akzentuiert werden sollte (vgl. ebd., S. 38f).

Zusammenfassend kann betont werden, daß Mertens bereits in den 1970er Jahren auf die eklatante Problematik des Auseinanderklaffens der beruflichen Bildungsinhalte im Vergleich zu den Anforderungen im Berufsalltag verwies. Er erkannte, daß sich die berufliche Bildung zu stark an der Vermittlung von speziellem Faktenwissen orientiert, was dazu führt, daß der Lernende keinen Bezug zwischen dem gelernten Stoff und der Realität herstellen kann. Durch die primäre Ausrichtung auf passive Lerntätigkeit bleiben Fähigkeiten wie z.B. intellektuelle Flexibilität, Selbständigkeit und Kreativität auf der Stecke. Der Schlüsselqualifi-kationsansatz von Mertens hat einen starken Impuls zur Erkenntnis der Problematik gegeben, daß die Berufsbildung ihre Aufmerksamkeit nicht auf das Spezielle allein, sondern auch auf das grundsätzlich Allgemeine zu richten hat. Seine Vorstellungen und Perspektiven werden im folgenden genauer betrachtet.

4.3 Inhalte, Ebenen und Interpretation des Ansatzes

Schlüsselqualifikationen sind für Mertens Lernziele, die zwischen abstrakten Zielintentionen wie "Mobilität" und "Mündigkeit" und konkreten Zielen wie den herkömmlichen Unterrichtsgegenständen und -fächern wie "Geschichte", "Buchführung" oder "Schweiß-technik" vermitteln (vgl. Mertens, 1974, S. 40). Schlüsselqualifikationen haben die Funktion, als übergeordnete Bildungselemente, Instrumente zum problemlosen Umgang mit wechselndem Spezialwissen zu sein (vgl. ebd., S. 36). Er definiert Schlüsselqualifikationen wie folgt: "Schlüsselqualifikationen sind (...) solche Kenntnisse, Fähigkeiten und Fertigkeiten, welche nicht unmittelbaren und begrenzten Bezug zu bestimmten disparaten praktischen Tätigkeiten erbringen, sondern vielmehr a) die Eignung für eine große Zahl von Positionen und Funktionen als alternative Optionen zum gleichen Zeitpunkt, und b) die Eignung für die Bewältigung einer Sequenz von (meist unvorhersehbaren) Änderungen von Anforderungen im Laufe des Lebens." (ebd., S. 40)

Mertens führt in seinem Aufsatz mehrere Kategorien in Form von Fähigkeiten auf, die für ihn wichtige Schlüsselqualifikationen sind. So werden die "Förderung zum lebenslangen Lernen und zum Wechsel sozialer Rollen, Distanzierung durch Theoretisierung, Kreativität, Relativierung, Verknüpfung von Theorie und Praxis, Technikverständnis, Interessenanalyse, gesellschaftswissenschaftliches Grundverständnis, Planungsfähigkeit, Fähigkeit hinzuzulernen, Zeit und Mittel einzuteilen, sich Ziele zu setzen, Fähigkeit zur Zusammenarbeit, zur Ausdauer, zur Konzentration, zur Genauigkeit, zur rationalen Austragung von Konflikten, zur Mitverantwortung, zur Verminderung von Entfremdung, Leistungsfreude" prononciert (ebd., S. 40). Die Schlüsselqualifikationen des lebenslangen Lernens und des Wechselns sozialer Rollen sind lebenspraktische Fähigkeiten. Das Individuum soll in der Lage sein, Methoden und Kompetenzen zu erwerben, die es ihm ermöglichen, sich auf einer Grundbasis von Kenntnissen stets aktuell gefragtes Wissen ein ganzes Leben lang aneignen zu können, um gegenwärtige Entwicklungsprozesse besser zu verstehen und daraus resultierende Probleme zu lösen. Wer es vermag, sich schnell an neue Bedingungen zu gewöhnen und anzupassen, ist auch im Stande, zeitlich wechselnde soziale Rollen auszuhalten und zu vertreten. Mit Distanzierung durch Theoretisierung bezieht sich Mertens auf die Fähigkeit des Menschen, komplexe Sachverhalte aus einer zu ihm ferneren Perspektive zu durchblicken, um ihre Strukturen zu erkennen und sich in ihnen zu orientieren. Gelingt diese mit Abstand gewonnene Sicht auf die Dinge, ist es möglich, kreativ zu handeln, eine Korrespondenz zwischen theoretischen und praktischen Kenntnissen zu erreichen sowie Bedeutsames von Unbedeutsamen zu trennen, was Mertens mit der Kategorie der Relativierung anspricht. Der Mensch kann somit selbst seine eigene Stellung, Wirkungsweisen und Aufgaben innerhalb des Gesellschaftssystems besser identifizieren. Für ein umfassendes gesellschaftswissenschaftliches Grundverständnis ist es aber genauso notwendig, auf andere Individuen im beruflichen und privaten Sektor Rücksicht zu nehmen. Im zwischenmenschlichen Miteinander erfährt der einzelne nicht nur sich selbst, welche persönlichen Interessen und Neigungen sich bei ihm manifestieren, sondern er erkennt auch die anderer Personen, z. B. am Arbeitsplatz. Interessen variieren selbstverständlich von Mensch zu Mensch, damit jedoch kooperativ auf einer gemeinsamen Basis Interaktionen stattfinden können, sollte man sich gegenseitig Aufmerksamkeit schenken und die wechselseitigen Interessen analysieren. Dort, wo viele Personen miteinander in Kontakt kommen, kann es Auseinandersetzungen geben. Mertens sieht es als eine wichtige Kategorie von Schlüsselqualifikationen an, Konflikte auf einer sachlich klaren Ebene gemeinsam zu bewältigen und den Willen zur Zusammenarbeit im Team zu zeigen. Um mit einem komplexen, hinsichtlich seiner Folgen nicht eindeutig prognostizierbaren Inhaltsproblem zurechtzukommen, sind auch fachliche Eignungen wichtig. Dazu zählen solche Schlüsselqualifikationen wie Probleme konzentriert und tiefgründig zu analysieren und abzuwägen, welche Zeit und welche Mittel zur Lösung angebracht sind. Es läßt sich konstatieren, daß Mertens in seiner Kategorisierung des Schlüsselqualifikationsbegriffs neben essentiellen personalen Qualifikationen stärker formale, dem kognitiven Bereich zuzuordnende und über den Einzelberuf und das Berufsfeld hinausgehende Fähigkeiten und Kenntnisse als Schlüsselqualifikationen hervorhebt. Eine Systematisierung des Schlüsselqualifikationsansatzes, in der die Begriffe "formale und materiale Fähigkeiten und Kenntnisse" Anwendung finden, wurde nicht von Mertens selbst, sondern erst in den 1980er Jahren von anderen Wissenschaftlern vorgenommen, die sich mit der Materie beschäftigten, so z.B. Schelten (1983, S. 444ff und 1994, S. 275).

Nachdem D. Mertens dem Schlüsselqualifikationsbegriff mehrere Kategorien zugewiesen hat, diskutiert er das Phänomen nun noch auf unterschiedlichen Ebenen und versucht, diverse Typen von Schlüsselqualifikationen aufzuzeigen und in ein System zu bringen. In der modernen Wissenschaftssprache würde man sagen, daß er Bemühungen unternimmt, den Schlüsselqualifikationsbegriff zu operationalisieren. Mertens unterscheidet dabei folgende Typen von Schlüsselqualifikationen: Breitenelemente, Basisqualifikationen, Horizontalqualifikationen und Vintage-Faktoren.

4.3.1 Breitenelemente

Breitenelemente sind Wissenspotentiale und Fähigkeiten, die als Anforderungsprofile am Arbeitsplatz über breite Tätigkeitsbereiche hinweg in Erscheinung treten und immer wieder verfügbar sein müssen (vgl. Mertens, 1974, S. 42). Mertens versteht unter Breitenelementen fachlich praktische Fähigkeiten und Kenntnisse, z.B. in der Meßtechnik, die in den einzelnen Ausbildungsordnungen der Berufe festgehalten sind. Breitenelemente werden zusammen mit anderen Qualifikationen im Arbeitsalltag benötigt, wobei sich Mertens in der Berufsbildung für eine stärkere berufsfeldbreite Bildung ausspricht, auf der dann vertiefende, spezielle Bildungsangebote aufgebaut werden können (vgl. ebd., S. 43).

4.3.2 Basisqualifikationen

Mit Basisqualifikationen bezeichnet Mertens Qualifikationen höherer Ordnung, die logisches Schließen, kritisches, strukturierendes, dispositives, konzeptionelles und kontextuelles Denken, ferner noch kooperatives und kreatives Vorgehen einschließen (vgl. Mertens, 1974, S. 41).

Mertens unterbreitet in seiner Systematisierung des Schlüsselqualifikationskonzepts verschiedene Vermittlungsempfehlungen für Basisqualifikationen. Logisches Schließen soll dem Lernenden anhand der formalen Logik vermittelt werden. Kritisches Denken wird durch eine sachgerechte und faire Art und Weise der Diskussion und Argumentation trainiert. Um kritisch diskutieren zu können, sollte der Lernende befähigt werden, einen bestimmten Sachverhalt von unterschiedlichen Blickwinkeln aus zu bewerten und zu analysieren. Strukturierendes Denken bezieht sich darauf, in der Lage zu sein, unterschiedliche Inhalte nach speziellen Kriterien, z. B. ihrer Wichtigkeit, zu ordnen, indem das Über- und Unterordnen dieser Inhalte trainiert wird. Dispositives Denken kann an den Grundzügen des Funktionierens der Ökonomie und der Organisationslehre geschult werden. Im konzeptionellen Denken geht es hauptsächlich um die Fähigkeit, Dinge zu organisieren, zu planen und dies ist durch das Einüben von

Planungstechniken erreichbar. Kontextuelles Denken beinhaltet das Einordnen der Dinge in ihre Umwelt und Verfahrenswelt, wobei hier wiederum auf die Vermittlung der Kenntnisse der Planungstechniken verwiesen werden kann, die bereits im konzeptionellen Denken eine Rollen spielten. Mertens Betrachtungen beziehen sich weiterhin auf das kooperative und das kreative Vorgehen (vgl. ebd., S. 41). Kooperatives Vorgehen nimmt Bezug auf die zwischenmenschlichen Beziehungen, in denen es zur Zusammenarbeit verschiedener Parteien kommt, die in keinem Konkurrenzverhältnis zueinander stehen, sondern aufgrund eines gemeinsamen Ziels gemeinsames Handeln zeigen. Kooperative Verhaltensweisen werden am besten mittels sozialer Spieltechniken eingeübt. Kreatives Vorgehen drückt einfallsreiches Bewußtsein aus. Die Schlüsselqualifikation "Kreativität" ist die besondere Fähigkeit des Gestaltens und des schöpferischen Denkens, die in erster Linie in der Hervorbringung innovativer und origineller Problemlösungen offensichtlich wird. Voraussetzung für ein solches Denken sind die Begabung und der Mut, alte Gewohnheiten und traditionelle Sichtweisen zu überdenken, um neue und überraschende Verknüpfungen zwischen gegebenen Tatsachen auffinden zu können. In Bezug auf die Vermittlung von Kreativität bieten sich vor allem offene, erfahrungsbezogene Situationen an, in denen Menschen facettenreiche Möglichkeiten zur Selbständigkeit und zur Selbsttätigkeit haben sollten. In der Arbeitswelt kommt ein auf Partizipation der Mitarbeiter ausgelegter Arbeitsvollzug und in der Berufsschule ein handlungsorientierter Unterricht diesem Gedanken besonders entgegen.

Versucht man, die Basisqualifikationen als eine Ebene im Schlüsselqualifikationsan-satz von Mertens genauer zu analysieren, dann handelt es sich bei ihnen um allgemeine und fachliche Fähigkeiten, Kompetenzen sozialer Art und Arbeitstugenden, die zur Bewältigung von Aufgaben an verschiedenen Arbeitsplätzen bedeutungsvoll sind, zugleich aber auch eine Bedingung für eine Weiterentwicklung beruflicher Qualifikationspotentiale bilden. Basisqualifikationen sind Qualifikationen mit berufsfeldübergreifendem Charakter.

Als dritte Ebene des Schlüsselqualifikationsansatzes spricht Mertens von

Horizontalqualifikationen.

4.3.3 Horizontalqualifikationen

Horizontalqualifikationen sind das Element im Schlüsselqualifikationsansatz, welches definiert ist als die "Informiertheit über Informationen" (Mertens, 1974, S. 41). Maxime der Horizontalqualifikationen ist die Rolle und Bedeutung der Information. D. Mertens betont, daß es wichtig sei zu wissen, wie die Lernenden die für sie relevanten Informationen gewinnen, verstehen und angemessen verarbeiten können, um sie später zu evaluieren. Er spezifiziert Horizontalqualifikationen mit der Bibliothekskunde, in der es für ihn vorrangig darum geht, sich Informationen aus Büchern, Zeitschriften und anderen Schriftstücken selbständig zu organisieren. Weiterhin merkt er an, daß Horizontalqualifikationen auch das Grundwissen über Fremdsprachen und Fachwörtersprachen integrieren, damit jede Information möglichst genau identifiziert werden kann. Diese Art von Qualifikationen dienen einem effektiven Gebrauch der Informationshorizonte. Die Lernenden sollen Zugriffswissen über Informationen haben (vgl. ebd., S. 74).

Die vierte und zugleich auch letzte Typologie des Schlüsselqualifikationsansatzes von Mertens sind die Vintage-Faktoren.

4.3.4 Vintage-Faktoren

Der Terminus 'Vintage' stammt aus dem englischen Sprachraum und kann ins Deutsche mit dem Wort 'Weinlese' oder 'Weinjahrgang' übersetzt werden (vgl. Arnold/Lipsmeier/Ott, 1998, S. 19). Dies ist zunächst relativ verwirrend, da man auf dem ersten Blick nicht ausmachen kann, welche Assoziationen der Begriff zur Schlüsselqualifikationsthematik auf-weist. Tatsächlich bezeichnen bei Mertens Vintage-Faktoren jedoch interpersonelle und intergenerative Unterschiede der schulischen Voraussetzungen von Beschäftigten, die auf die verschiedenen Geburtsjahrgänge der Personen und die im Zuge der Zeit veränderten schulischen Bildungsinhalte zurückzuführen sind (vgl. Mertens, 1974, S. 42). Vintage-Faktoren haben das Ziel, derartige Differenzen zwischen den fachlichen Kenntnissen, ihrer Anwendbarkeit und den sozialen Fähigkeiten der Arbeitnehmer zu minimieren. Mertens expliziert, daß sich diese Leistungsdifferenzen zwischen Jung und Alt durch die Vermittlung von Basiswissen über die Mengenlehre, die Programmiertechniken, die Relativitätstheorie und Nuklearphysik sowie über Eigenheiten, Sprachen, Traditionen fremder Kulturen und die Kenntnisse über verfassungsrechtliche Inhalte am effizientesten reduzieren lassen (vgl. ebd., S. 42).

Die soeben angeführten vier Typologien von Schlüsselqualifikationen sind inhaltlich ausführlich und exakt zu bestimmen, denn sie sind der Anhaltspunkt dafür, wie die zukünftigen Beschäftigten entsprechend den technischen Bedingungen innerhalb der beruflichen Bildung angemessen unterwiesen werden können. Die Situation der Lernenden beruht insgesamt auf drei Hypothesen, die gleichzeitig Kriterien der Evaluation und des Erfolgs von einer sich an Schlüsselqualifikationen orientierenden Ausbildung sind (vgl. Bunk/Kaiser/Zedler, 1991, S. 368f sowie Mertens, 1989, S. 80ff).

In der ersten Hypothese versucht Mertens einen Zusammenhang zwischen dem Anpassungsgrad an zukünftige berufliche Prozesse und der Fähigkeit zur Flexibilität der einzelnen Person herzustellen, einer wichtigen Schlüsselqualifikation. Sie drückt aus, daß die später im Beruf geforderten Anpassungsleistungen umso einfacher erfolgen können, je größer das Potential an Flexibilität des Individuums ist.

Die zweite Hypothese nimmt Bezug auf das rasche Veralten von Bildungsinhalten. Das bedeutet, je schneller einmal gelernte Inhalte in ihrer Wertigkeit verfallen, desto weniger ist der Mensch im Arbeitsprozeß in der Lage, angemessen zu handeln, da er über aktuell gefragte Qualifikationen vorläufig nicht verfügt. Schlüsselqualifikationen leisten im Hinblick auf das Wertloswerden von fachlichen Inhalten einen essentiellen Beitrag, denn sie formen mit den in ihnen formulierten Fähigkeiten das Rüstzeug und den Sockel für neues Lernen und sind selbst Qualifikationen, die zeitlich überdauern und in unterschiedlichen Situationen anwendbar sind.

Die dritte Hypothese macht die Relation zwischen der technischen Entwicklung und den Schlüsselqualifikationen deutlich. Schlüsselqualifikationen gewinnen vor allem dann immer mehr an Bedeutung, je schneller und lebendiger die Entwicklung neuer Technologien voranschreitet, deren Folgen für die Arbeitswelt und den einzelnen Arbeitsplatz nicht prognostizierbar sind (vgl. Mertens 1989).

Versucht man den Schlüsselqualifikationsansatz von D. Mertens tiefgründiger zu durchdringen, kann man bereits Schwachstellen und damit erste kritische Punkte erkennen. Der nächste Teil dieses Kapitels wird genutzt, um kurz einige kritische Argumente zu Mertens' Ansatz zu präsentieren, die später auch in ausführlicherer Art und Weise in den Standpunkten verschiedener wissenschaftlicher Autoren zur Schlüsselqualifikationsthematik wiederzufinden sein und in dieser Arbeit dargestellt werden.

4.4 Resümee: Versuch einer kritischen Stellungnahme

Ein Punkt, der auffällt, ist die Frage, inwieweit sich Mertens die Abhängigkeit der Schlüsselqualifikationen voneinander bzw. untereinander vorstellt, wozu er keine detaillierten Aussagen trifft. Als Leser kann man nur spekulieren. Im Schlüsselqualifikationsansatz ist weiterhin kritikwürdig, daß er Schlüsselqualifikationen noch zu sehr auf den Sektor der intellektuell-kognitiven Fähigkeiten beschränkt sieht. Somit wird seine Konzeption der Schlüsselqualifikationen auch als kognitiver Ansatz interpretiert, z.B. von Bunk (1991).

Folgt man dem in seinem Aufsatz formulierten Bildungsverständnis im Hinblick auf Schlüsselqualifikationen, so sieht er Bildung zuvorderst in der Fähigkeit zur Problembewältigung und in der Schulung zur Denkschulung begründet (vgl. Mertens, 1974, S. 40). Besonders im Bereich der Basisqualifikationen wird der starke Bezug auf Formen und Ausprägungen des Denkens deutlich, was den Schluß nahelegt, daß eine derartige Denkschulung bislang fehlte. Einen Fakt, den Mertens nicht beachtet ist der, daß sich bei Menschen bereits über die Jahre in ihrem persönlichen Freizeitbereich und in ihrem Arbeitsumfeld fachliche sowie soziale Kenntnisse und Fähigkeiten ausbilden. Mertens nimmt demnach keinen Bezug auf vorhandene Wissenspotentiale. Wir finden in seinem Aufsatz außerdem keine Erklärung für den Tatbestand, welche typischen Hindernisse der freien Entfaltung der intellektuellen und sozialen Fähigkeiten den Beschäftigten im Arbeitsleben entgegenstehen. Ein ungehinderter Einsatz der Schlüsselqualifikation "Problemlösefähigkeit" beispielsweise setzt selbständige Entscheidungsprozesse voraus, die aber in einer streng tayloristisch und hierarchisch organisierten Arbeitswelt, die zur Zeit von Mertens noch durchaus gängig war, auf kräftige Gegenwehr der Unternehmensführung stoßen. Selbständigkeit und Selbsttätigkeit werden dort nur dann toleriert, wenn für das Fortbestehen des Arbeitsvollzuges keine Alternativen mehr existieren. Die Unsicherheit, aufgrund von selbständigen Entscheidungen verwarnt zu werden, besteht weiterhin auf seiten des Arbeitnehmers. Demzufolge kann Mertens in dem Punkt kritisiert werden, daß er die bestehenden Barrieren bestimmter Formen der Arbeitsorganisation in seinem Konzept ignoriert und somit eine Diskrepanz zwischen Produktionskonzepten, der Arbeitsorganisation und den von ihm geforderten Schlüsselqualifikationen besteht.

Ein weiterer Kritikpunkt ist das Fehlen detaillierter Informationen über die inhaltliche Seite, die mit den zukunftsfähigen Schlüsselqualifikationen in Verbindung stehen und dem geforderten Transfer dieser Qualifikationen auf andere Situationen. Übergreifende Qualifikationen, das sind Schlüsselqualifikationen, können nur mittels berufsspezifischer Inhalte erfolgreich bei den Lernenden gefördert werden. Wir können aber nicht wissen, welche Inhalte in der Zukunft aktuell sein werden. So stehen Schlüsselqualifikationen einem Inhaltsproblem gegenüber und die Inhaltsfrage bleibt damit eine offene Frage (vgl. dazu auch Witt, 1990). Qualifikationen, die lediglich eine geringe Reichweite besitzen, müssen demzufolge relativ breit vermittelt werden, denn sie bilden den Komplex an Kenntnissen, auf dem übergreifende Qualifikationen aufgebaut werden können. Eine Art Virulenz, ja beinahe Paradoxie der Schlüsselqualifikationsproblematik läßt sich daran feststellen, wenn Schlüsselqualifikationen einerseits sehr unspezifisch und zu allgemein abgefaßt sind, kann der Fall eintreten, daß ihr Transfer auf neue, unvorhergesehene Situationen nicht gelingt. Sind sie aber andererseits mehr auf konkrete Probleme zugeschnitten und damit begrenzt formuliert, verfehlen sie den eigentlichen Sinn ihrer durch Mertens zugeschriebenen entspezialisierten Funktion (vgl. dazu auch Dubs, 1995). Die durch ihn artikulierten Kategorien des Schlüsselqualifikationsbegriffs und ebenso seine vier Typen von Schlüsselqualifikationen sind zunächst nicht mehr als eine Zusammenstellung wünschenswerter Fähigkeiten, die noch nicht erklären, mit welchen exakten Inhalten diese Fähigkeiten beim Lernenden trainiert werden sollen. Es wird beispielsweise innerhalb der Typologie vom dispositiven Denken gesprochen, das nach Mertens anhand der Grundlagen der Ökonomie vermittelt werden soll. Er macht nur keine weiteren Ausführungen darüber, welche bestimmten Themen aus der Ökonomie bearbeitet werden könnten, um die geforderte Qualifikation zu erlangen. Analog dazu läßt sich neben den anderen Qualifikationen als Beispiel noch das kooperative Vorgehen anführen, welches durch soziale Spieltechniken erlernt werden kann. Die Frage, die sich daraus ergibt ist, welche konkreten Spieltechniken das sind - darüber gibt Mertens leider keine Auskunft. Er liefert uns lediglich das grobe, mit teilweise abstrakten Begriffen untersetzte Raster seines Ansatzes, das ausführlicher Differenzierungen und Abgrenzungen bedarf.

Der Hauptanteil der kritischen Beiträge zum Schlüsselqualifikationskonzept ist in den späten 1980er und Anfang der 1990er Jahre erschienen. Sie sind nicht nur durch Reaktionen auf Mertens' Konzeption, sondern auch durch zahlreiche eigene theoretische Ansätze und Vorstellungen der Autorinnen und Autoren gekennzeichnet, die versuchen, an der Schlüsselqualifikationsthematik festzuhalten, sie durch veränderte Perspektiven weiterzuentwickeln und neue, zeitgemäße Ansatzpunkte zu kreieren. Zu den berühmtesten Beiträgen gehören Veröffentlichungen von J. Zabeck (1989), L. Reetz (1990) und U. Laur-Ernst (1990). Die kritische Diskussion, das heißt die öffentliche Kontroverse der Fachwelt über das Pro und Contra sowie über die theoretische Einbindung von Schlüsselqualifikationen gleicht einer berufspädagogischen Debatte, deren Hauptthemen im nächsten Kapitel dieser Arbeit im Vordergrund stehen werden und die als Schlüsselqualifikationsdebatte in der Literatur bekannt ist.

5 DISKUSSION UND ANALYSE KRITISCHER STANDPUNKTE UND KARDINALTHEMEN DER SCHLÜSSELQUALIFIKATIONSDEBATTE

5.1 Einführung: Strukturierung der Schlüsselqualifikationsdebatte

Das 5. Kapitel hat zum Ziel, die wichtigsten Positionen verschiedener Autoren zum Schlüsselqualifikationsansatz aufzuzeigen und dabei auf ihre Kritik an ihm hinzuweisen. Die umfangreiche Literatur zur Debatte um das Konzept der Schlüsselqualifikationen liefert einen Einblick in die Reaktionen der Berufspädagogik und der Wirtschafts- und Arbeitswissenschaft auf die derzeitigen arbeitsorganisatorischen und gesellschaftlichen Wandlungsprozesse sowie die sich daraus konstatierenden Resultate für den Bereich der beruflichen Bildung und belegt, daß Schlüsselqualifikationen nicht nur innerhalb der Pädagogik kontrovers diskutiert werden, sondern auch für andere Bereiche relevant sind. Gerade weil die Schlüsselqualifikationsdebatte umfangreiche Texte aufweist, eignet sie sich, grundsätzliche Schwachstellen und Kritikpunkte von Schlüsselqualifikationen zu behandeln. Ein guter Überblick zur Kritik an Schlüsselqualifikationen, findet sich u.a. in Reetz/Reitmann (1990), Bunk/Kaiser/Zedler (1991), Lehmkuhl (1994) sowie Gonon (1996). In der folgenden Diskussion werden von den zahlreichen Beiträgen nur einige repräsentative herangezogen, um beispielhaft die Logik der Kritik zu erörtern. Die einzelnen, hier angesprochenen Publikationen, die in die Schlüsselqualifikationsdebatte einfließen und kritische Argumente enthalten, lassen sich insgesamt in drei Gruppen unterteilen:

Die erste Gruppe, die sich mit "Die Kritik am Schlüsselqualifikationskonzept als Konzeption im Spannungsfeld zwischen Wunschtraum und Realitätsbewußtsein" überschreiben läßt, umfaßt die Aufsätze von W. Wittwer (1989), K. Geißler (1989) und J. Simoleit u.a. (1991), die zwar kritische Standpunkte explizieren, aber selbst keine Wege vorstellen, die zur Aufhebung der Kritik beitragen. Auf die Schriften dieser Autoren wurde ich zunächst vor allem durch das Studium diverser Sekundärliteratur aufmerksam. Da sie aber interessante wie auch kritische Aspekte in die Schlüsselqualifikationsthematik einbringen, war es unabdingbar die Originaltexte zur

Hand zu nehmen, sie genauer zu analysieren und dabei kritisch zu hinterfragen. Die Zeitschrift "Lernfeld Betrieb"[8] erwies sich hierbei als wichtige Quelle jener Literatur. In der zweiten Gruppe, den "Vorstellungen und Forderungen einer theoretischen Untermauerung von Schlüsselqualifikationen unter Bezugnahme auf den Vermittlungsaspekt in der beruflichen Bildung", sind die Aufsätze von Elbers u.a (1975) und J. Zabeck (1989 und 1991) enthalten, die eine gründliche psychologisch-empirische und damit auch theoretische Erforschung von Schlüsselqualifikationen fordern. Die dritte Gruppe der Beiträge zur Schlüsselqualifikationsdebatte, bezeichnet mit "Progressives Gedankengut zu Schlüsselqualifikationen", schließt Veröffentlichungen ein, die neueren Datums sind und von U. Lauer-Ernst (1990 und 1996), L. Reetz (1989 und 1990) und R. Dubs (1996) stammen. Vor allem die Wissenschaftler der dritten Gruppe versuchen, neue Ansätze im Schlüsselqualifikationskonzept zu etablieren, z.B. persönlichkeitsorientierte Gesichtspunkte, und sie betonen hierbei auch die Notwendigkeit einer psychologischen Einbindung von Schlüsselqualifikationen.

Die folgenden Gliederungspunkte 5.2 bis 5.4 spiegeln die drei Gruppen wider, denen die einzelnen wissenschaftlichen Beiträge zugeordnet und untereinander chronologisch aufgeführt werden.

5.2 Die Kritik an Schlüsselqualifikationen als Konzeption im Spannungsfeld zwischen Wunschtraum und Realitätsbewußtsein

Die in dieser ersten Gruppe aufgeführten Abhandlungen der Autoren formulieren nachvollziehbare, kritische Argumente zur Schlüsselqualifikationsthematik, sie bieten jedoch keine konstruktiven Lösungsvorschläge für ihre Kritik an, welche sich auf die Inhaltsleere und die Problematik der Vermittlung von Schlüsselqualifikationen in der beruflichen Bildung sowie die in ihr dafür notwendigen Veränderungen bezieht. Sie halten das Schlüsselqualifikations-konzept für ein ideologisches Konstrukt, das viel verspricht, in der Realität allerdings wenig einhalten kann. Vor allem wird die Relevanz

---

8) Die Zeitschrift "Lernfeld Betrieb" wurde 1994 umbenannt und wird seitdem unter dem Namen "Personalpotential" herausgegeben.

von Schlüsselqualifikationen im Kontext von Arbeits- und Produktionsbedingungen kritisch gesehen und betont, daß sie nur als Übergangslösungen für fehlende fachliche Qualifikationen fungieren. Die Inhaltsleere von Schlüsselqualifikationen ist ein Phänomen, das eine Reihe von Interpretationsspielräumen überall dort zuläßt, wo von Schlüsselqualifikationen die Rede ist. Zuerst zum Aufsatz von W. Wittwer (1989):

5.2.1 Schlüsselqualifikationen als Lückenfüller (W. Wittwer)

In seinen knapp gehaltenen, dennoch kritischen Ausführungen zur Schlüsselqualifikationsthematik vertritt Wittwer die Ansicht, daß es sich bei Schlüsselqualifikationen um bloße Lückenfüller handle, da sie für ihn nichts anderes als Qualifikationen darstellen, die für die bisher noch nicht vorhersagbaren, aber in Zukunft benötigten Fachqualifikationen einspringen müssen. Sein Mißtrauen an Schlüsselqualifikationen geht so weit, daß er sie als zeitlich begrenzte Variablen ansieht, die nur bis zu dem Augenblick in aller Munde sind, bis die erforderlichen Fachqualifikationen ermittelt sind. Darum schreibt er Schlüsselqualifikationen eine bloße Übergangsfunktion zu (vgl. Wittwer, 1989, S. 29). Diese Perspektive Wittwers steht in vollem Gegensatz zu einer Stellungnahme der Expertenkommission der Landesregierung von Rheinland-Pfalz zur Schlüsselqualifikationsthematik, die der Autor in seinen Aufsatz eingearbeitet hat. Ihr zufolge sind "(...) Schlüsselqualifikationen die Grundlage für die individuelle und kollektive Bewältigung des technischen und sozialen Wandels und (...) das Fundament für gemeinschaftsbewußtes Verhalten in der Berufsarbeit." (ebd., S, 28)

Die Behauptung, Schlüsselqualifikationen seien lediglich Übergangslösungen, versucht Wittwer nun mit praktischen Beispielen zu belegen und bezieht sich dabei auf die Veränderungen in Unternehmen, die sich dort in den letzten Jahren vollzogen haben. Hierbei führt er die Arbeit in sogenannten "Instandhaltungsteams" an, die sich in den Unternehmensbereichen der Wartung und Instandhaltung etabliert haben und in denen die nötigen Fachqualifikationen arbeitsteilig involviert sind. Die Beweggründe für die Formierung solcher Instandhaltungsteams resultieren seiner Meinung nach aus der Unfähigkeit, zukünftige technische Innovationen zu kennen und dementsprechend berufliche Anforderungen vorherzusagen. "Da man (...) zur Zeit in den Betrieben nicht genau weiß, welche fachlichen Qualifikationen und wieviel von diesen ein Arbeiter an der Fertigungsstraße benötigt, hat man zunächst einmal die Arbeit neu organisiert und ist von Einzelarbeit zu Teamarbeit übergegangen." (ebd., S. 29) An Wittwer selbst ist die Sichtweise zu kritisieren, die er von der Arbeitsorganisation in Unternehmen des 20. Jahrhunderts hat. Aus seiner Argumentation heraus läßt sich erkennen, daß sein Ausgangspunkt starre industrielle Strukturen sind, die immer nur dann umorganisiert werden, wenn ein kurzfristig absehbarer Wandel der technischen Gegebenheiten es erfordert. Wittwer geht jedoch nicht auf die Tatsache ein, daß sich besonders schon in den späten 1980er Jahren der Trend zum längerfristigen Wandel der Formen der Arbeitsorganisation, begründet durch die Einführung immer neuer Technologien in den Betrieben, abzeichnete und damit ein Umdenken in Hinblick auf den Gesamtarbeitsprozeß einherging, welcher die infolge des Übergangs von einer zur anderen Produktionsweise entstehenden Probleme natürlich integrieren muß.

Wittwer reduziert dagegen den Umwandlungsprozeß in der Arbeitsorganisation der Unternehmen auf einen eher schnell realisierbaren Vorgang. Nur ist gerade die reibungslose Bewältigung dieser Umbruchsituation in der Arbeitswelt eine Aufgabe, die nicht in einem oder zwei Jahren vollzogen werden kann, sondern eine, die viele Jahre in Anspruch nimmt und somit eine Herausforderung darstellt. Sollen beispielsweise die Arbeitnehmer in einem Team zusammenarbeiten, setzt dies vielfältige Veränderungen auf verschiedenen Ebenen eines Unternehmens voraus, die wichtigsten sind dabei die räumlichen, qualifikatorischen und arbeitsorganisatorischen Ebenen. Vor allem Arbeiten im Sektor der Instandhaltung - um zu Wittwers Beispiel zurückzukehren - sind schwer in den Umwandlungsprozeß der Produktionsweisen einzuarbeiten, da für den einzelnen hochqualifizierten Facharbeiter die Arbeit in Teams oft mit dem Verlust seines eigenen vorerst hohen Status verbunden sein kann. Wittwer glaubt, daß die derzeitigen Umwandlungsprozesse nur kurzfristig andauern und thematisiert, daß die Arbeit in Teams zu dem Zeitpunkt überflüssig wird, wenn die für die einzelnen Erwerbstätigen veränderten Qualifikationsprofile an den neuen Technologien sichtbar werden (vgl. ebd.,

S. 29).

Aus diesem Standpunkt erkennt man, daß Wittwer einen Zusammenhang zwischen den neuen Technologien und den daraus resultierenden beruflichen Anforderungen für die Berufsleute hervorhebt, nur werden aus seinem Blickwinkel die Qualifikationsanforderungen lediglich aus den jeweiligen Technikentwicklungen abgeleitet. Daß aber zwischen den technischen Gegebenheiten und den fachlichen Anforderungen bestimmte Formen der Arbeitsorganisation notwendigerweise geschaltet sind, die ihrerseits auch wiederum spezielle Anforderungen an die Beschäftigten stellen, wird von Wittwer nicht beachtet. Die mit den veränderten Arbeitsorganisationen verbundenen Qualifikationsanforderungen hält Wittwer gleichermaßen für Übergangslösungen, da die Schlüsselqualifikationen "Problemlösungs- und Entscheidungsfähigkeit", die für eine erfolgreiche Teamarbeit als wichtig erscheinen, nicht mehr notwendig sind und fachlichen Qualifikationen Platz machen (ebd., S. 29). Der Autor behauptet, daß im Jahre 2000 die zu seiner Zeit geforderten Schlüsselqualifikationen bereits an Bedeutung verloren haben könnten und sich die Mitarbeiter in Unternehmen folglich neue Fachqualifikationen aneignen müßten. Daraus schlußfolgert er, Schlüsselqualifikationen hätten ihre eigentliche Funktion darin, den Platz für zukünftig geforderte, fachliche Qualifikationen freizuhalten. Die Zuschreibung der Platzhalterfunktion bedeutet für die Existenz und Verwertbarkeit von Schlüsselqualifikationen, daß den Beschäftigten die Sicherheit gegeben wird, als würden überdauernde Qualifikationen (Schlüsselqualifikationen) existieren, die verhindern sollen, "daß sie resignieren und auf lebenslängliches Lernen verzichten" (ebd., S. 29). Hier nimmt Wittwer Bezug auf die Probleme der 1980er Jahre, vor deren Hintergrund die bildungsrelevanten Auseinandersetzungen stattfanden. Problemlagen, die auch noch heute aktuell sind, hängen z.B. mit dem hohen Ausmaß der Arbeitslosigkeit, dem Ausbildungsplatzmangel und den fehlenden Qualifikationen von Arbeitnehmern zusammen. In dieser krisenhaften Situation erscheint für Wittwer das Schlüsselqualifikationskonzept als durchaus erfolgversprechendes, dennoch aber zu sehr konstruiertes Allheilmittel, um die Bereitschaft der Beschäftigten aufrechtzuerhalten, sich permanent weiter zu qualifizieren. Dieser Leitgedanke kann jedoch nicht in die Wirklichkeit umgesetzt werden, wenn " (...) man nur synchron oder nur nachhinkend gegenüber den technischen und organisatorischen Veränderungen die Qualifizierung der Mitarbeiter betreiben kann." (ebd., S. 29) An dieser Stelle muß jedoch die Kritik an den Autor zurückgegeben werden, denn es ist einerseits ungeklärt, wie eine Bildungsmotivation bei den Mitarbeitern mit Hilfe der Vermittlung von Schlüsselqualifikationen, deren Inhaltsleere dennoch besteht, erreicht und aufrechterhalten werden soll. Andererseits tendieren die derzeitigen Bestrebungen der Unternehmen in die Richtung, ihr Personal im Vorfeld zu qualifizieren und weiterzubilden, damit es dann, wenn eine Umorganisation der Produktions- und Arbeitsweisen durch die Einführung neuer Technologien erfolgt, mit dieser besser umgehen kann. Momentane Entwicklungen auf dem industriellen Sektor gehen demzufolge gegen die Vorstellung Wittwers, welche die Akzentuierung beinhaltet, daß sich berufstätige Menschen erst dann qualifizieren bzw. weiterbilden, wenn sie bereits die neuen Technologien kennen, nicht von einer der Technikentwicklung nachhinkenden Weiterbildung und Qualifizierung des Personals aus, sondern von einer vorausschauenden (vgl. u.a. dazu auch Lehmkuhl, 1994, S. 115ff).

Außer dem Faktum, daß der Sinn von Schlüsselqualifikationen darin bestünde, bei den Mitarbeitern zu verhindern, daß sie auf lebenslanges Lernen verzichten, formuliert Wittwer noch eine weitere Ursache dafür, warum das Schlüsselqualifikationskonzept breite Zustimmung findet. Hierbei bezieht er sich auf die Argumentation von D. Mertens, der betonte, daß Schlüsselqualifikationen dienlich sind, um sich problemlos wechselndes Spezialwissen erschließen zu können. Wittwer interpretiert dies in Bezug auf die von ihm bereits angesprochenen Fachqualifikationen so, daß Schlüsselqualifikationen die Funktion haben, den Erwerb von "Fachqualifikationen stärker zu individualisieren" und ihn mehr der eigenständigen Verantwortung des Beschäftigten zu überlassen (vgl. ebd., S. 29). Diese Funktion von Schlüsselqualifikationen ist gemäß der Position des Autors unabdingbar, da er, auch mit seinem Verweis auf die Meinung von Gaugler (1986, S. 22 zitiert nach Wittwer), annimmt, die Betriebe seien mit der Vermittlung von entsprechenden Qualifikationen an ihre Mitarbeiter völlig überfordert und würden an ihre eigenen Grenzen stoßen (vgl. ebd., S. 29). In Wittwers Aufsatz erscheinen die Elemente der eigenverantwortlichen Qualifikation einerseits und die durch das Unternehmen durchgeführten Qualifikationsmaßnahmen andererseits als zwei antagonistisch existierende Größen. Bezüglich der Etablierung neuer Produktionsweisen ist es aber von unmittelbarer Bedeutung, daß sich die Arbeitnehmer aus eigener Verantwortung heraus auch innerhalb eines Unternehmens selbständig qualifizieren können. Viele Unternehmen unterstützen das Bestreben ihrer Mitarbeiter zur Selbstqualifizierung, indem sie sie beispielsweise an diversen Weiterbildungskursen, Seminaren, Qualitätszirkeln und Gruppendiskussionen teilnehmen lassen und sie für diese Zeit freistellen.

Zusammenfassend läßt sich konstatieren, daß uns Wittwer in seinem Aufsatz ein recht eingeschränktes Verständnis davon präsentiert, was technische Veränderung bedeutet. Er glaubt, man müsse nur den Zeit- bzw. Zwischenraum mit Schlüsselqualifikationen füllen, der bei den Beschäftigten durch die Konfrontation mit neuen Technologien Unsicherheiten in Hinblick auf die an sie gestellten Anforderungen verursacht. Dabei geht Wittwer nicht auf die Merkmale derartiger Wandlungsprozesse ein und ist deshalb nicht in der Lage, Veränderungen bezüglich der Qualifikationsprofile zu beurteilen. Es werden durch ihn keine Vorstellungen unterbreitet, inwieweit das Schlüsselqualifikationskonzept mit Inhalten gefüllt werden könnte, geschweige denn, ob es einen Beitrag zur beruflichen Ausbildung leisten kann.

In der nun folgenden kritischen Abhandlung zur Schlüsselqualifikationsthematik geht es um die Argumentation von K. Geißler (1989), die vor allem ideologie- und kulturkritisch angelegt ist.

5.2.2 Die Kritik an Schlüsselqualifikationen als erfolgsversprechende Variablen (K. Geißler)

Geißlers Kritik am Schlüsselqualifikationskonzept fokussiert sich in dem Punkt, in dem er behauptet, daß der Schlüsselqualifikationsbegriff nichts weiter als ein voluminöses Gedankengebilde und eine Zusammenstellung wünschenswerter Fähigkeiten und

Kenntnisse für die Berufswelt sei (vgl. Geißler, 1989, S. 3).

Insgesamt verspricht das Schlüsselqualifikationskonzept mehr als es in der Wirklichkeit einhalten könne. So entsteht sehr schnell der Eindruck, mit Hilfe von Schlüsselqualifikationen wäre eine unbeschwerte Berufslaufbahn sowie eine zügige berufliche Karriere realisierbar. Das Schlüsselqualifikationskonzept ist für Geißler nur ein willkommenes Mittel, um einerseits über die Problematik der unkorrekten Vorhersage des zukünftigen, arbeitsplatzrelevanten Bedarfs an Qualifikationen und andererseits des Wertloswerdens und Veraltens bestehender Fachkenntnisse, infolge der immer rasanter fortschreitenden Innovationen auf dem Gebiet der Technik, hinwegzusehen. Aufgrund dessen, daß der "Umgang mit dem Nichtprognostizierbaren (...) zum bildungspolitischen Programm (...)" (ebd., S. 3) emporwächst, wird die ständige Angleichung der Beschäftigten und deren soziale Abhängigkeit stets mit einkalkuliert und impliziert (vgl. ebd., S. 3).

In Geißlers zweiter These wird die Kritik am Schlüsselqualifikationskonzept deutlicher, denn in ihr ist neben dem Verdacht der Ideologisierung der Konzeption noch eine Kulturkritik enthalten. Der Autor gibt dem Schlüsselqualifikationskonzept mit die Schuld daran, daß in unserem modernen und technisierten Lebensumfeld eine Entsinnlichung der Welt und eine Abwendung vom wirklich existenten Leben hin zu einer bloßen Simulation dessen passieren würde. Außerdem kritisiert er, ebenso wie andere Autoren dies schon vor ihm getan haben, das Inhaltsproblem des Schlüsselqualifikationskonzepts. "Qualifikationen werden als Schlüsselqualifikationen inhaltsleer, gleichzeitig aber totaler (flacher, aber breiter, analog der Beliebigkeit und der Allgegenwärtigkeit unserer Waren-Welt). Schlüsselqualifikationen sind so auch ein Zeichen der Substanzlosigkeit von Bildungsaktivitäten." (ebd., S. 3)

Es ist nicht von der Hand zu weisen, und in diesem Punkt muß Geißler zugestimmt werden, durch die Informatisierung und Technisierung der Arbeitswelt können die zuvor manuell verrichteten Tätigkeiten heute vielfach von Maschinen abgeleistet werden und dies bringt wiederum ein drastisches Defizit in Bezug auf die sinnlichen Erfahrungsmöglichkeiten bei den Arbeitnehmern mit sich. Jener

Gesichtspunkt darf aber nicht als Problem angesehen werden, welches dem Schlüsselqualifikationskonzept anzulasten ist, sondern muß eher auf der Ebene einer unangemessen Technikentwicklung angesiedelt werden, die die sinnlichen und physischen Fähigkeitspotentiale der Berufsleute völlig unterschätzt. Für die Beschäftigten bedeuten veränderte Prinzipien der Arbeitsorganisation und die Einführung neuer Produktionstechnologien Änderungen der an sie herangetragenen Anforderungen und Erwartungen im Arbeitsalltag. Derartige Innovationsprozesse sollten aber mit Vorschlägen dafür notwendiger intellektuell-kognitiver, sozialer wie auch zugleich physisch-sinnlicher Fähigkeiten als sinnvollen Schlüsselqualifikationen einhergehen und nicht nur aus ideologiekritischer Perspektive in Angriff genommen werden, so wie dies Geißler unterbreitet (vgl. u.a. dazu auch Lehmkuhl, 1994, S. 119f).

Der Autor legt in seinem Aufsatz ein Technikverständnis nahe, welches sich darauf konzentriert, daß sich die Erwerbstätigen an die jeweiligen technischen Gegebenheiten ihres Arbeitsplatzes anzupassen haben. Technik ist also ein in unserem Arbeitsleben existierendes Element, das wenig Freiraum für eigene kreative Ideen bietet. Macht sich, so der Eindruck von Geißler, die berufliche Bildungsarbeit zur Zielsetzung, ihre Lernenden lediglich darauf zu qualifizieren, die neue Technik bedienen zu können, unterstützt sie eine vorrangig einseitige Ausbildung und damit die alleinige Ausrichtung des Individuums auf die Technik. Bildung als Persönlichkeitsbildung, die zuvorderst auch soziale Fähigkeiten integriert und nach der Meinung von Geißler angestrebt werden sollte, bleibt dann im Bereich der beruflichen Bildung völlig auf der Stecke (vgl. ebd., S. 3).

Geißlers Äußerungen zum Schlüsselqualifikationskonzept bescheinigen zwar die kritische Auseinandersetzung mit ihm, die er aber nur sehr einseitig vornimmt, da z.B. Forderungen einer tieferen theoretischen Fundierung des Konzepts fehlen und er selbst keine konkreten Fähigkeiten formuliert, die zu einer Persönlichkeitsbildung des Individuums beitragen sowie Ideen unterbreitet, wie und in welche Richtung berufliche Bildung verändert werden müßte, um Schlüsselqualifikationen vermitteln zu können.

Die letzte Veröffentlichung, die in die erste Gruppe der Beiträge zur

Schlüsselqualifikationsdebatte gehört, stammt von J. Simoleit, J. Feldhoff und N. Jacke (1991), die den Zusammenhang zwischen neuen Produktionskonzepten, Schlüsselqualifikationen und den Umgang mit Ungewißheiten im Arbeitsvollzug thematisieren.

5.2.3 Die Rolle von Schlüsselqualifikationen im Rahmen veränderter Produktionskonzepte (J. Simoleit u.a)

In Bezug auf die bisher vorgestellten Diskussionsbeiträge zur Schlüsselqualifikationsthematik fällt die Argumentation von Simoleit u.a. eher weniger kritisch aus, denn sie sind der Auffassung, daß das Schlüsselqualifikationskonzept auf die wichtigen aktuellen Veränderungsprozesse im ökonomisch-technischen Bereich eingeht sowie handlungsorientierte Verhaltenssequenzen in ihm berücksichtigt werden. "Mit den Schlüsselqualifikationen werden (...) eine Reihe von Anforderungen in zusammenfassende Formeln gebracht, die sich aus einschlägigen aktuellen und antizipierten ökonomischen Bedingungen ergeben." (Simoleit u.a., 1991, S. 49)

Zunächst versuchen die Autoren, die Wandlungsprozesse in der Wirtschaft mit den daraus folgenden Anforderungen für die Individuen zu verknüpfen. Dies charakterisieren sie in drei Punkten: Erstens stellen sie fest, daß höhere Konkurrenz auf den Märkten zu höheren Leistungsanforderungen für die Erwerbstätigen einerseits und die jeweilige Unternehmensführung andererseits führt. Zweitens postulieren sie, es sollte sich die Flexibilität und die Reaktionsfähigkeit im Verwaltungs- und Produktionssektor erhöhen und drittens müsse Innovation und Kreativität von den Mitarbeitern gefordert werden. Der zweite Punkt ist hierbei vor allem auf die Leistungsanforderungen der Führungsspitze von Unternehmen und der dritte auf die Beschäftigten selbst bezogen. Simoleit u.a. betonen, daß während des Anpassungsvorgangs neuer Technologien, der nicht von heut auf morgen abrupt vollzogen werden kann, sondern längere Zeit in Anspruch nimmt, weiterhin menschliche Fähigkeiten und die Arbeitskraft als solche benötigt werden, damit die hochentwickelte Technik erfolgreich zum Einsatz kommen kann. Eine dieser unentbehrlichen Fähigkeiten ist beispielsweise die schnelle

Reaktionsfähigkeit bei technischen Störungen. Fähigkeiten von dieser Art führen zu veränderten Organisationsstrukturen, in denen Schlüsselqualifikationen eingebettet sind. Nach Simoleit u.a. sollten Schlüsselqualifikationen "(...) als Korrelate postbürokratischer Organisationsformen und posttayloristischer Arbeitseinsatzmethoden aufgefaßt werden." (ebd., S. 50)

Für die Autoren ist jedoch nicht allein der Ausgangspunkt ihrer Argumentation der Zusammenhang zwischen der betrieblichen Organisationsstruktur und Schlüsselqualifikationen, sondern sie gehen auch auf die Thematik der "Unbestimmtheit" (ebd., S. 51) des Arbeitsvollzugs ein und den darin eingelagerten Problemen der korrekten Umreißung und Deskription von Arbeitsaufgaben für die Beschäftigten. Schlüsselqualifikationen nehmen in dieser Hinsicht die Rolle von "sozialintegrativen Faktoren im Inneren der Person und im kommunikativen Bereich angesichts bereits stattgefundener oder sich abzeichnender Veränderungen in Arbeitssituationen" (ebd., S. 51) ein. Die angesprochene Ungewißheit bzw. Unbestimmtheit, mit der durch Schlüsselqualifikationen leichter umgegangen werden kann, ist für die Autoren ein Resultat der Veränderungen in der Produktionsweise. Unter diesem Blickwinkel betrachten sie die Situation des einzelnen berufstätigen Individuums, wie es die Anforderungen durch neue Entscheidungsspielräume bewältigt und inwiefern die Unternehmen Kooperation und Selbständigkeit ihrer Mitarbeiter im Produktionsprozeß erlauben (vgl. ebd., S. 65). Schlüsselqualifikationen sind dabei "nicht zum Billigtarif zu haben und auch nicht durch geringfügige Ergänzung des Bildungskanons" (ebd., S. 55), sondern sie entwickeln sich erst in Situationen, in denen eine ganzheitliche Lernerfahrung für den Menschen erfolgen kann, die vor allem seine Fähigkeit zur freiwilligen Entscheidung integriert. Gefordert ist im Endeffekt ein selbstbewußter Verhaltensstil des jeweiligen Mitarbeiters (vgl. ebd., S. 55).

Analysiert man die Hauptargumentationspunkte, die uns Simoleit u.a. liefern, kann festgehalten werden, daß sie die Ursache der neuen Bildungsanforderungen in den posttayloristischen Organisationsstrukturen der Betriebe sehen und das Schlüsselqualifikationskonzept für sie ein durchaus tauglicher Ansatz ist, die berufliche

Bildung zu verändern. Sie zweifeln aber an der Bereitschaft der Unternehmen, Änderungen in der Arbeitsweise und den Handlungen der Beschäftigten zu gewähren. Ausgangspunkt für Simoleit u.a. ist die teilweise starre Haltung der Unternehmen, die sich gegen eine zu große Verselbständigung ihrer Arbeitnehmerschaft stellen (vgl. ebd., S. 51ff). Diesbezüglich konzentrieren sich die Wissenschaftler in ihrem Aufsatz auf die Problematik der sozialen Kontrolle der Mitarbeiter durch die Unternehmensführung. Daraus können sie uns aber nur eine eingeschränkte Sichtweise auf Schlüsselqualifikationen offerieren, da sie die Beschränkung auf die soziale Kontrolle im Betrieb behindert zu beurteilen, ob das Konzept der Schlüsselqualifikationen überhaupt in der Lage ist, auf die aktuellen Anforderungen in Unternehmen zu reagieren.

Im Aufsatz finden wir keine Aussage, geschweige denn eine Prognose darüber, wie sich neue Methoden und Formen der Ausbildung, die Schlüsselqualifikationen vermitteln, zukünftig durchsetzen und in der Praxis bewähren werden (vgl. ebd., S. 60ff). Die Autoren merken an, daß Schlüsselqualifikationen heute nicht mehr allein bei ausgewählten Absolventen der Schulen und Hochschulen herausgefunden, sondern vielmehr auch durch veränderte Ausbildungsprinzipien großer Industrie- und Dienstleistungsbereiche vermittelt werden. Nur gestaltet sich der aktuelle Produktionsalltag "häufig konservativer als es dem Qualifikationsprofil der nach neuen Prinzipien ausgebildeten Berufsanfänger entsprechen würde." (ebd., S. 65) Die Frage, die sich dabei ergibt und ebenso von den Verfassern des Aufsatzes aufgeworfen wird ist, ob es letztlich in der Realität die "anders und breiter" ausgebildeten Erwerbstätigen auch tatsächlich gibt und welche besonderen Fähigkeiten sie besitzen. In diesem Zusammenhang sind sich Simoleit u.a. nicht sicher, ob man über Schlüsselqualifikationen überhaupt vor dem Hintergrund des Qualifikationsbegriffs argumentieren kann (vgl. ebd., S. 64). Sie kritisieren an der Schlüsselqualifikationsdebatte, daß sich ihre Diskutanten zu sehr auf lernpsychologische und pädagogische Gesichtspunkte stützen, mit denen sie glauben, die Innovationsprozesse in der Produktion angemessen zu beschreiben und letztlich bewältigen zu können. Die Rolle der beruflichen Bildung und inwieweit in ihr dringend erforderliche Veränderungen vollzogen werden müssen, um

Schlüsselqualifikationen zu vermitteln und den Wandlungsvorgängen in der Produktion somit zu begegnen, wird dabei eher ausgeblendet. Die Position von Simoleit u.a. zum Schlüsselqualifikationskonzept richtet sich auf den Sachverhalt, Schlüsselqualifikationen würden durch handlungsorientiertes Verhalten und arbeitspsychologische Einsichten den Gegensatz zwischen Denken und Handeln sowie intellektuell-kognitivem und praktischem Lernen minimieren. Dies ist aber dann schwierig zu verwirklichen, wenn von einigen Autoren hervorgehoben wird, daß das Schlüsselqualifikationskonzept selbst die Gegensätzlichkeit zwischen fachlichen und überfachlichen Fähigkeiten betont und zuvorderst mehr Wert auf die Vermittlung überfachlicher Qualifikationen legt (vgl. z.B. Mertens, 1974), obwohl eine Integration beider Qualifikationsformen effektiver wäre.

In der zweiten Gruppe der kritischen Beiträge zur Schlüsselqualifikationsdebatte soll nun die Analyse und Diskussion der drei Aufsätze von D. Elbers, M. Heckenauer, W. Mönikes, H. Pornschlegel und H. Tillmann (1975) sowie von J. Zabeck (1989 und 1991) im Vordergrund stehen, die konstruktivere Gedanken in die Schlüsselqualifikationsthematik einbringen, das heißt, im Vergleich zu den Autoren der ersten Gruppe bieten sie eigene Lösungsansätze der von ihnen aufgeführten Probleme einer theoretischen Einbindung von Schlüsselqualifikationen an. Die beiden Veröffentlichungen von Zabeck sind aus thematischer Sicht in vielen Punkten identisch, so daß sie hier unter einem Gliederungspunkt abgehandelt werden können.

5.3 Vorstellungen und Forderungen einer theoretischen Untermauerung von Schlüsselqualifikationen unter Beachtung des Vermittlungsaspekts in der beruflichen Bildung

Die von Elbers u.a und Zabeck präsentierten Betrachtungsweisen zur Schlüssequalifikations-problematik stellen ebenso wie die vorhergehenden Beiträge einen Zusammenhang zwischen gesellschaftlichen Veränderungen und den Schlüsselqualifikationen heraus und versuchen zusätzlich, Schlüsselqualifikationen psychologisch und theoretisch zu fundieren. In ihren Aufsätzen findet sich eine stärkere Bezugnahme auf die Frage, welche Veränderungen in der Berufsbildung die Forderung nach der Vermittlung von Schlüsselqualifikationen mit sich bringen würde. Dabei fehlt aber vor allem bei Elbers u.a eine im Vorfeld gründliche Auseinandersetzung mit den objektiven Anforderungen und den individuellen Ansprüchen von Bildungsprozessen. Zabeck kritisiert vor allem die rasche Übernahme des Schlüsselqualifikationsbegriffs innerhalb der Berufspädagogik, obgleich eine intensive Analyse der theoretischen Grundannahmen noch nicht stattgefunden hat. Aufgrund der mangelnden psychologischen Einbindung des Schlüsselqualifikationsansatzes versucht er kognitive und motivationale Theorien anzuwenden.

5.3.1 Die Forderung nach Einbindung von Schlüsselqualifikationen in psychologische Theorien und das Problem der Vorhersagbarkeit von Qualifikationen (D. Elbers u.a.)

Die wohl ersten kritischen Stimmen zur Schlüsselqualifikationsthematik formierten sich bereits ein Jahr nach dem Erscheinen des Aufsatzes von D. Mertens. D. Elbers, M. Heckenauer, W. Mönikes, H. Pornschlegel und H. Tillmann (1975) gehen in ihrer Publikation besonders auf das Problem des Transfers getrennt vermittelter Fähigkeiten ein.

In ihrem Problemaufriß, der in Bezug zu dem ein Jahr zuvor von D. Mertens veröffentlichten Schlüsselqualifikationsansatz erfolgte, heben Elbers u.a hervor, daß es wichtig sei zu klären, welche konkreten Anforderungen die berufliche Realität überhaupt an das Verhalten der Menschen heranträgt. Die Autoren postulieren, die bestehenden Lehrpläne von veralteten und überholten Inhalten zu befreien und nur solche Qualifikationen zu vermitteln, die der Lernende in seinem späteren realen Berufsleben auch benötigt. Vor diesem Hintergrund üben sie Kritik an Mertens Gedanken, indem sie feststellen, daß sein Konzept unzureichend ist und behaupten: "Es ist nicht falsch, weder in seiner Gesamtheit, noch in den einzelnen Qualifikationen, die genannt wurden. Es hat jedoch zu sehr den Charakter des Zufälligen und Beispielhaften." (Elbers u.a., 1975, S. 28) Zunächst beziehen sich Elbers u.a. auf die von D. Mertens kreierten Typologien von

Schlüsselqualifikationen und kritisieren im Bereich der Basisqualifikationen, er habe es versäumt, auf essentielle zugrundeliegende Persönlichkeits- und Lerntheorien aus der Psychologie zu verweisen. Ihnen mißfällt die innerhalb der Basisqualifikationen integrierte Hervorhebung der einzelnen Formen des Denkens, wie z.b. das logische, kontextuelle und konzeptuelle Denken, und sie meinen, daß diese Einteilung aus theoretischer Perspektive wenig einleuchtend sei, da die psychologische Intelligenz- und Begabungsforschung beispielsweise schon längst "(...) den Bereich perzeptiver Fähigkeiten" (ebd., S. 28) als überaus theoretisch valides Territorium für die intellektuell-kognitive Leistungsfähigkeit angesehen hätte und Mertens Vorschläge somit nicht neu sind. Ein weiterer Kritikpunkt findet sich in der Argumentation, die auf den Zusammenhang zwischen den Basis- und den Horizontalqualifikationen abzielt. Elbers u.a. sind der Auffassung, daß sich eine stringente Trennung zwischen Basis- und Horizontalqualifikationen als völlig überflüssig darstellt. Diese Behauptung begründen sie mit der Bemerkung, eine erfolgreiche intellektuell-kognitive Leistungsfähigkeit setze einen unproblematischen Umgang mit Informationen, ihrer Beschaffung und Analyse, stets voraus.

Mit Bezugnahme auf die von Mertens angeführten Breitenelemente ist es für die Autoren fragwürdig, ob es durch die relativ eng gefaßten Ausbildungsvorschriften und die etablierten Verfahren der Arbeitsorganisation in den unterschiedlichen Branchen überhaupt möglich sei, Qualifikationsprofile richtig beschreiben und festlegen zu können, "(...) was in der Realität benötigt wird." (ebd., S. 28)

Der 1975 von Elbers u.a. publizierte Artikel steht aus inhaltlicher Perspektive stellvertretend für ein ganze Reihe weiterer Beiträge, die sich mit den Aussagen des Schlüsselqualifikationsansatzes von Mertens tiefgründiger befaßt haben. Obwohl Elbers u.a. mit kritischen Äußerungen nicht sparen, bekommt durch sie die Schlüsselqualifikations-thematik trotzdem keine völlig neuen Impulse, da sie zu keiner selbständigen Sichtweise gelangen, die sich auf die aktuellen Fragen und Probleme der beruflichen Bildung bezieht sowie konkrete Veränderungsvorschläge für die Bildungstheorie und die Bildungspraxis involviert. Sie formulieren vorrangig nur

Forderungen, die die Berufsbildung ihrer Meinung nach zu verwirklichen hat, jedoch Schritte, wie diese tatsächlich umgesetzt werden sollen, bleiben aus. Gleichermaßen kann dies hinsichtlich der psychologischen Fundierung von Schlüsselqualifikationen formuliert werden, die zwar gefordert, im Aufsatz durch die Autoren jedoch leider nicht weiter präzisiert wird.

Elbers u.a. verweisen auf das Problem, daß es kompliziert sei, Zukunftsvorhersagen in puncto des Bedarfs an Schlüsselqualifikationen auf dem Arbeitsmarkt zu treffen. Als Grund dafür führen sie ein Fehlen an unterschiedlich geeigneten Prognoseinstrumenten an und fordern, die bestehenden angemessen zu verbessern, da Entscheidungen bezüglich der Qualifikationsziele ohne eine Prognose des Qualifikationsbedarfs nicht ausgeführt werden können. Damit beanstanden sie die weitverbreitete Vorstellung, daß sich durch Schlüsselqualifikationen, die bereichsübergreifenden Charakter haben, eine Vorhersage von beruflichen Anforderungen erübrigen würde. Trotzdem, so räumen die Autoren ein, ist die Konzeption von D. Mertens solange tauglich, bis abzusehen ist, daß qualitativ bessere Alternativen für die Zukunftsvorhersage existieren. In diesem Punkt messen sie Mertens Schlüsselqualifikationsansatz einen hohen Realitätsgehalt bei, widersprechen sich aber wenig später, wenn sie die Problematik der genauen Inhalte und der bildungspolitischen Stellung von Schlüsselqualifikationen ansprechen. Elbers u.a. meinen, das Konzept der Schlüsselqualifikationen stellt einen Zusammenhang zwischen allgemeinbildenden und beruflichen Inhalten dar und untermauern dies mit der Forderung, daß " (...) in jedem Bildungsgang Schlüsselqualifikationen vermittelt werden sollten" (ebd., S. 27) Es ist schwierig, jene Zielstellung zu realisieren, wenn sie einerseits gesellschaftlich umstritten und andererseits - zumindest im Jahre 1975 - noch keinen breiten Konsens findet. Die Autoren halten fest, das Leitziel, Schlüsselqualifikationen in jedem Bildungsgang zu vermitteln, wird auf die Ebene der gesellschaftlich realen Zustände, unter denen Unterricht stattfindet, bezogen: "Die Struktur des Bildungswesens, das heißt die Aufteilung nach Lernorten, die Gliederung nach Berufsfeldern, Berufen, Fächern oder Projekten bestimmt die Lernerfahrungen auch dann, wenn Schlüsselqualifikationen vermittelt werden sollten." (ebd., S. 27)

In den folgenden Ausführungen bemängeln Elbers u.a die Inhaltsleere von Schlüsselqualifikationen - diesen Punkt führen sie aber nicht weiter aus - , und sie nehmen ebenso Bezug auf die Hindernisse politischer und organisatorischer Art, die bei der Umsetzung von Schlüsselqualifikationen auftreten können. Dabei schließen sie nicht aus, daß es möglicherweise eine Neuordnung von Bildungsgängen geben wird, die mit Hilfe eines Schlüsselqualifikationskataloges begründet werden soll. "Die Frage nach der Begründung von Bildungsgängen ließe sich teilweise dadurch lösen, daß man Schlüsselqualifikationen hierzu benutzt. Man erhebt und entwickelt einen vollständigen Katalog von Schlüsselqualifikationen und faßt diese in einem zweiten Arbeitsgang nach Kriterien wie Wirtschaftsbranchen, Merkmale von Arbeitsplätzen, Merkmale von Tätigkeiten usw. zu Struktureinheiten zusammen." (ebd., S. 27) Dieses Vorhaben bereitet jedoch Probleme, denn es wird bezweifelt, Schlüsselqualifikationen seien völlig neue, transferierbare, prozeßunabhängige und übergreifende Qualifikationen, die gegensätzlich zu den üblichen Trends im Bildungswesen stünden, nämlich das Faktenwissen dort eher noch zu spezialisieren (vgl. ebd., S. 27). Elbers u.a. merken an, daß solche Qualifikationen, wie die Schlüsselqualifikationen es sind, in der pädagogischen Theorie schon seit langer Zeit gefordert werden. Somit besitzen sie einen doppelwertigen Charakter, das bedeutet, zum einen sind diese Qualifikationen "dem Inhalt nach nicht neu", nur wird zum anderen auch die gegenteilige Meinung expliziert, daß Schlüsselqualifikationen "im einzelnen noch nicht bekannte Qualifikationen" für die Bildungspraxis sind (ebd., S. 28). Aus diesem Grund sollte eine Weiterentwicklung des Schlüsselqualifikationsansatzes von Mertens vor allem die "Identifizierung und Operationalisierung von Schlüsselqualifikationen" integrieren (ebd., S. 28). Elbers u.a. denken, daß diese Weiterentwicklung nur durch eine empirische Überprüfung der Schlüsselqualifikationen erfolgen kann. Hierbei wurden schon einige theoretische Fehler des Konzepts aufgeführt, die eine empirische Analyse deutlich erschweren würden. Sie kritisieren, "der derzeitige Wissensstand verbietet in einem Konzept wie dem der Schlüsselqualifikationen die Beschränkung auf Qualifikationen im Sinne von

Kenntnissen, Fähigkeiten und Fertigkeiten, und verlangt die Integration von Persönlichkeitsdimensionen (...)" (ebd., S. 29) und weiterhin betonen sie: Diese Kritik "darf nicht im Sinne einer radikalen Ablehnung des vorgelegten Konzepts verstanden werden. Sie will lediglich verdeutlichen, daß Mertens in bestimmten Bereichen den Erkenntnisstand der Psychologie nicht voll berücksichtigt (...)" hat (ebd., S. 29). Durch die starke Zergliederung der Psychologie als Wissenschaft in einzelne separate Theoriebereiche, wie z.B. die des Lernens, des Denkens und der Motivation, ist es aber überaus kompliziert, das Individuum und seine psychischen Vorgänge als Ganzes richtig zu erfassen. Vielmehr kommt es oft zur getrennten Untersuchung der bereits genannten Teilgebiete und somit kann nicht von der Anwendung *eines,* in gewissem Sinne, globalen Erkenntnisstandes der Psychologie auf die Schlüsselqualifikationsthematik gesprochen werden, so wie sich das Elbers u.a. vorstellen.

Realistischer präsentiert sich die abschließende Aufzählung der neuen Aufgaben- und Problembereiche, wenn sich die Strukturen der beruflichen Bildung infolge des Schlüsselqualifikationsansatzes ändern würden. Eine Abstimmung zwischen allgemeinen- und beruflichen Bildungsinhalten sollte erfolgen, Ausbildungsmittel und Prüfungsmethoden müßten verändert sowie neue Unterrichtsmethoden kreiert werden, um Schlüsselqualifikationen vermitteln zu können (vgl. ebd., S. 29). Diese Postulate bleiben aber gedankliche Luftschlösser, bis nicht feststeht, was in welche Richtung verändert werden soll.

Die von dem Wirtschaftspädagogen J. Zabeck stammenden kritischen Standpunkte zu Schlüsselqualifikationen sind im Vergleich zu den zuvor dargestellten Beiträgen ergiebiger, da er Versuche unternimmt, die angesprochenen Schwierigkeiten mit eigenen Lösungsvarianten zu verknüpfen. Darum soll auf seine Argumentation ausführlicher eingegangen werden.

5.3.2 Der Versuch einer theoretischen Stabilisierung von Schlüsselqualifikationen unter Berücksichtigung kognitiver und motivationaler Ansätze (J. Zabeck)

In seinem 1991 verfaßten Aufsatz über Schlüsselqualifikationen beginnt J. Zabeck im Problemaufriß seine Argumentation mit einem Rückgriff auf D. F. Schleiermacher (1768-1834), einem berühmten Pädagogen und Theologen des 18./19. Jahrhunderts. Der Autor führt an, daß Schleiermacher im Jahre 1826 seine Pädagogikvorlesung mit einer schlichten Feststellung im Einleitungssatz begonnen hat: Er behauptete, daß das, was Erziehung sei, bereits jedem aufgrund des profanen Gebrauchs des Wortes "Erziehung" bekannt wäre und demzufolge im Rahmen der Vorlesung nicht erläuterungsbedürftig sei. Daraufhin erfolgte über die Jahre innerhalb der Pädagogik eine weit ausgedehnte Diskussion über die Theorie und die Bedeutung des Begriffs der Erziehung. Sieht man jedoch genauer hin, zeigt sich, daß die im alltäglichen Sprachgebrauch als selbstverständlich angesehenen Sachverhalte, nach Schleiermacher demzufolge auch die Aspekte über und um den Begriff der Erziehung, gar nicht so problemlos sind und einer tiefgründigen Aufklärung bedürfen (vgl. Zabeck, 1991, S. 47f). Im Hinblick auf diesen Gedankengang formuliert Zabeck in einem 1989 publizierten Aufsatz "Schlüsselqualifikationen - Zur Kritik einer didaktischen Zielformel" die Hypothese, daß es mit dem Begriff der Schlüsselqualifikation ähnlich wie mit dem Erziehungsbegriff steht, denn "seit Jahren schon ist in der beschäftigungspolitischen, berufsbildungspolitischen und berufspädagogisch-didaktischen Diskussion von Schlüsselqualifikationen die Rede." (Zabeck, 1989, S. 77) Der Schlüsselqualifikationsbegriff ist in den letzten Jahren immer salonfähiger geworden und "man operiert mit diesem Worte, als handle es sich bei ihm bereits um einen Begriff, nämlich um den sprachlichen Ausdruck für eine allgemeine Vorstellung von einer real gegebenen Sache, deren Inhalt schon eindeutig bestimmt sei." (ebd., S. 77) Zabeck stellt fest, die für die Berufsbildung verantwortlichen Personen haben das neue pädagogische Konstrukt der Schlüsselqualifikationen beinahe kritiklos angenommen und betrachten es trotz bisher ungenügender Analyse seiner Inhalte als Mittel, mit dem die Jugendlichen problemlos auf ihre teilweise ungewisse berufliche Zukunft vorbereitet werden können. Mit Bezug auf die Politik, die vor allem Mitte der 1960er Jahre die Vorstellung verbreitete, daß es allein Aufgabe der Pädagogik und der Erziehung sei, wie sich das einzelne Individuum und die Gesellschaft entwickle, kritisiert Zabeck, daß es sich im Rahmen der Auseinandersetzung um den Schlüsselqualifikationsbegriff wiederum um das Experiment handle,"(...) unter Berufung auf eine didaktische Zauberformel der Öffentlichkeit vorzugaukeln, man habe die Zukunft (...) im Griff." (ebd., S.77f) Aus diesen Gesichtspunkten resultieren die Schwachpunkte, die er in Schlüsselqualifikationen sieht. Sie beziehen sich insgesamt auf zwei Problembereiche, einerseits auf die rasche und unüberlegte Übernahme von Schlüsselqualifikationen und andererseits auf ihre mangelnde theoretische Fundierung.

Im weitern Verlauf von Zabecks Argumentation steht zunächst die kritische Auseinandersetzung mit den Positionen von D. Mertens im Vordergrund. Gegen seine Erklärung, daß Qualifikationserfordernisse in einer modernen Gesellschaft nicht vorhergesagt werden können, die traditionelle Vermittlung von bloßem Faktenwissen unzureichend ist und mittels Schlüsselqualifikationen mehr berufliche Flexibilität sowie Entspezialisierung der Berufsbildung erreicht werden kann (vgl. Mertens, 1974, S. 36ff), wendet Zabeck ein, daß es Mertens versäumt habe, den Schlüsselqualifikationsbegriff psychologisch und theoretisch zu fundieren und er infolgedessen nur als Konstrukt bezeichnet werden kann, dessen empirische Erforschung noch zu leisten ist (vgl. Zabeck, 1989, S. 78). Aus Mertens Postulat nach einem geeigneten Lehrprogramm zur Vermittlung von Schlüsselqualifikationen, welches nicht länger unter das Prinzip der Praxisnähe, sondern unter das der Abstraktion zu stellen ist (vgl. Mertens, 1974, S. 36 und 39), macht ihm Zabeck zum Vorwurf, er würde sich für eine Abkehr von traditionellen beruflichen Qualifikationen in den Ausbildungsberufen aussprechen (vgl. Zabeck, 1989, S. 78).

Als Ursache der schnellen Übernahme des Schlüsselqualifikationskonzepts in die Pädagogik sieht Zabeck vor allem das Wunschdenken der Pädagogen an, die sich scheinbar der eindrucksvollen Wirkung, die Schlüsselqualifikationen auf sie haben, nicht entziehen können, denn für sie stellt die Vermittlung derartiger Qualifikationen ein

Element bzw. eine Art Allheilmittel dar, daß nämlich Menschen anhand von zentralen Fähigkeiten in der Lage wären, mit "Leichtigkeit die verschiedenen bekannten und noch unbekannten Pforten zu öffnen, durch die sie ihren Lebensweg lenken wollen oder um ihrer Existenzgründung willen lenken müssen." (ebd., S. 78) Dieses Wunschdenken, Komplexes mit Elementarem zu bewältigen, legt eine weitere Perspektive auf die Schlüsselqualifikationsthematik nahe: Bei Schlüsselqualifikationen, so kritisiert Zabeck, handelt es sich um eine bloße Rückbesinnung auf die Lösung des pädagogischen Problems der didaktischen Reduktion und der Transferierbarkeit von Wissen. Bezüglich des didaktischen Reduktionismus soll an dieser Stelle nur kurz in Erinnerung gerufen werden, daß hier die Priorität in der Konzentration von Erziehung auf zentrale und einfache Fähigkeiten liegt, um später unbestimmte und komplexere Situationen meistern zu können (vgl. dazu auch Jank/Meyer, 1994, S. 80f) . Zabeck stellt fest, daß die Intentionen und Ideen des didaktischen Reduktionismus, die sich in mehreren pädagogisch-didaktischen Theorien befinden - der Autor führt hier beispielsweise Pestalozzis "Didaktik der Elementarbildung" und Klafkis "Theorie der kategorialen Bildung" an (vgl. Zabeck, 1989, S. 79) - mißglückten und folglich die Transferierbarkeit von Wissen begrenzt sei. Zabeck versucht einen Zusammenhang zwischen dem Versagen des didaktischen Reduktionismus und Schlüsselqualifikationen herauszuarbeiten, indem er die Frage aufwirft, ob Schlüsselqualifikationen auch scheitern, wenn sie in der Tradition des didaktischen Reduktionismus stehen. Der Autor kritisiert, daß sämtliche Fehlschläge des didaktischen Reduktionismus auch die Bildungskommission des Deutschen Bildungsrates 1970 nicht davon abbringen konnten, in den Strukturplan für das Bildungswesen eine Auflistung von nicht-fachlichen, allgemeinen Lernzielen im Sinne von Schlüsselqualifikationen zu integrieren. Inwieweit eine transfergerechte Vermittlung dieser allgemeinen Lernziele überhaupt in der Praxis der beruflichen Bildung realisiert werden kann, bleibt jedoch bei den Empfehlungen der Bildungskommission eine offenen Frage. Die vom Deutschen Bildungsrat geforderten Fähigkeiten Ausdauer, Leistungsfreude, Kooperationsfreudigkeit, Sachlichkeit, soziale Sensibilität, Verantwortungsbewußtsein, Fähigkeit zur Selbstverantwortung, selbständiges und kritisches Denken, intellektuelle Beweglichkeit und kulturelle Aufgeschlossenheit (vgl. ebd., S. 79 zitiert nach Bildungskommission des Deutschen Bildungsrates, 1970, S. 83f), sind solche Fähigkeiten, die dort wieder an Bedeutung gewinnen, wo von Schlüsselqualifikationen die Rede ist. Zabeck merkt an, die Bildungskommission stellt die allgemeinen gleichwertig neben die fachlich-inhaltlichen Lernziele. Mertens hingegen argumentiert in der Tradition von W.v. Humboldt, der die Auffassung vertrat, daß allgemeine Bildung vor der speziellen erfolgen müsse.[9] Hinsichtlich der von Mertens präsentierten und ausschließlich auf Intelligenzleistungen begrenzten Typologie von Schlüsselqualifikationen, die sich in Basisqualifikationen, Breitenelementen, Horizontalqualifikationen und Vintage-Faktoren[10] ausdrückt, bemängelt Zabeck, daß er affektive und psychomotorische Fähigkeiten nur unzureichend berücksichtigt sowie ein Transfer dieser Qualifikationen problematisch ist. Hingegen zeichnet sich ein Fortschritt in der Schlüsselqualifikationsdebatte nur dort ab, wo affektive und psychomotorische Qualifikationen mit einbezogen werden. Weiterhin kritisiert er die neue Art der Systematisierung von Schlüsselqualifikationen in materiale, formale kognitive und psychomotorische, personale sowie soziale Qualifikationen. Sie löst nicht das Problem des Transfers, wie Schlüsselqualifikationen von der abstrakten Vermittlung zur Anwendung kommen sollen, an dem schon der didaktische Reduktionismus scheiterte (vgl. ebd., S. 80). J. Zabeck thematisiert, und dieser Aspekt unterstreicht gleichzeitig seine distanziert Haltung zur Schlüsselqualifikationsthematik, daß noch ungeklärt ist, ob schlechthin ein Zusammenhang zwischen der Methodik der Vermittlung von Schlüsselqualifikationen und ihrer Relevanz für die Praxis besteht. In der Literatur ist es vielmehr so, daß in schillernden Tönen, oft fernab von jeglicher Realität von der pädagogischen Neuentdeckung der Schlüsselqualifikationen geschwärmt wird, ihre Vermittlung jedoch noch völlig unklar ist und sie als Wunderdroge angesehen werden, mit der zukünftige, ungewisse Situationen bewältigt werden können: "Zur Vermittlung von Schlüsselqualifikationen in Aus - und Weiterbildungsprogrammen gibt

---

9) Vgl. Kap. 2, Gliederungspunkt 2.2.1 dieser Arbeit

10) Vgl. Kap. 4, Gliederungspunkte 4.3.1 bis 4.3.4 dieser Arbeit

es viele Wege. Beispielsweise kann man die Schlüsselqualifikationen unabhängig von fachspezifischem Stoff vermitteln. Man kann sie aber auch mit fachspezifischem Wissen verknüpfen. Derartige methodische Fragen sind fachspezifisch zu klären. Es geht in dieser Empfehlung nicht darum, wie die Schlüsselqualifikationen vermittelt werden, sondern ausschließlich darum, daß sie vermittelt werden." (ebd., S. 80)

Die mit den Schlüsselqualifikationen von der Öffentlichkeit verbundenen Hoffnungen und Erwartungen für die Berufsbildung sind, so gesteht der Autor ein, durchaus berechtigt. Um sich jedoch völlige Gewißheit darüber zu verschaffen, ob Schlüsselqualifikationen tatsächlich das halten, was sie vorgeben zu sein, plädiert Zabeck für eine empirisch fundierte Theorie der Schlüsselqualifikationen, die psychologische Sequenzen berücksichtigen muß. Durch die Bezugnahme auf psychologische Erkenntnisse und Tatsachen will er selbst produktiv dazu beitragen, das Transferproblem und die ungenügende theoretische Fundierung von Schlüsselqualifikationen in Ansätzen zu bewältigen.

In seinem Aufsatz beginnt der Autor den Teil, in dem er die empirische Fundierung von Schlüsselqualifikationen diskutiert, mit der Kritik, daß eine gründliche Aufklärung der Schlüsselqualifikationsthematik unter Bezug auf die psychologische Forschung und ihrer Erkenntnisse bisher nicht erfolgte. Später wird seine Kritik konkreter, denn er behauptet, daß sich der Schlüsselqualifikationsansatz auf eine widersprüchliche Zusammenstellung vermögens- und assoziationspsychologischer Annahmen stützt, die aus der Sicht des modernen Kenntnisstandes der Psychologie keineswegs länger vertretbar sind. Derartige psychologische Annahmen lehnen sich an die Vorstellung an, das Individuum sei mit einer Art Batterie vergleichbar, die sich durch gezielt konzipierte Lernprozesse immer wieder neu aufladen läßt und je nach Bedarf ihre Leistung bereitstellt. Diese Sichtweise der psychologischen Fundierung von Schlüsselqualifikationen mißbilligt Zabeck mit dem Einspruch, daß einerseits die Leistungsdimensionen nicht präzise empirisch bestimmbar sind und andererseits unklar bleibt, auf welche Art und Weise bzw. durch welche Mechanismen die benötigte Leistung abgerufen wird und "worauf sich die Annahme stützt, im Hinblick auf die jeweils zu lösende Aufgabe werde die richtige Reaktion erfolgen." (ebd., S. 81)

Die Lücke der psychologisch-theoretischen Fundierung von Schlüsselqualifikationen hat Zabeck zu schließen versucht, indem er sich auf die Handlungstheorie von H. Aebli bezieht, deren Grundthese es ist, zwischen individuellem Handeln und Denken bestünde ein permanenter Zusammenhang. "Begriffe sind Abkömmlinge und Werkzeuge des Handelns." (Aebli, 1981, S. 97) Die Denkvorgänge, in der Terminologie von Aebli als Begriffe bezeichnet, resultieren aus dem Handeln und der Wahrnehmung und können ihrerseits gleichfalls Handeln beeinflussen. Das bedeutet, der Prozeß von der Wahrnehmung einer Situation über das Denken bis hin zum konkreten situationsgebundenen Handeln ist ein wechselseitiger Vollzug, der eine Rückkopplung von der Handlung auf Wahrnehmung und Denken beinhaltet (vgl. dazu auch Edelmann, 1996, S. 309). Die Absicht des Autors besteht darin, deutlich zu machen, daß es nicht mit dem modernen Kenntnisstand der Psychologie einhergeht, von abstrakten Fähigkeiten zu sprechen, die auf sämtliche Berufssituationen transferierbar seien (vgl. ebd., S. 81). Der im Arbeitsalltag agierende Mensch befindet sich nicht in einem zweckfreien Raum, sondern wird stets konfrontiert mit speziellen arbeitsplatzbezogenen Aufgaben, zu deren Lösung Handlungselemente miteinander verknüpft werden, die von einem richtungsgebenden Schema aktiviert werden. Diejenigen, die beruflichen Aufgaben gegenüberstehen, müssen über vorher ausgebildete Wahrnehmungs- und Handlungsschemata verfügen, die dazu beitragen, neue Situationen durch die Anwendung dieser Schemata transparent erscheinen zu lassen. "Wo das jeweils Vorgefundene partiell vom Schema abweicht, (...) müssen Erwartungen korrigiert und Leerstellen besetzt werden. Der Grad der Abweichung entscheidet darüber, ob also eine in der Realität gestellte Aufgabe bewältigt wird." (ebd., S. 82) Diese Argumente scheinen aus Zabecks Sicht zwar notwendig, jedoch an die Übereinstimmung zwischen Schemata und Situation gerichtet, nicht ganz fair zu sein, denn Situationen, die von vorhandenen Handlungs- und Wahrnehmungsschemata abweichen, müssen nicht unbedingt handlungshemmend wirken, sondern konstituieren eher eine Herausforderung zur Kreation und Entwicklung neuer Handlungsschemata. Um Aufgaben zu bewältigen, ist es wichtig, daß Menschen die Fähigkeit besitzen, Situationen tiefgründiger zu analysieren und Handlungsschemata untereinander zu vergleichen, Fähigkeiten, die selbstverständlich nicht losgelöst von konkreten Aufgaben und Anforderungen erworben werden können, aber übertragbar auf strukturähnliche Situationen sind. Dies untermauert schließlich auch Zabeck mit der Feststellung, "es komme auf das Vorhandensein struktureller Entsprechungen an." (ebd., S. 81)

Der Wissenschaftler betrachtet in seinem Versuch einer psychologischen Fundierung von Schlüsselqualifikationen nicht nur handlungsorientierte Ansätze, sondern auch Aspekte der Motivationspsychologie: Berufliches Engagement wird außer von Wahrnehmungs- und Handlungsschemata gleichermaßen von einem Bereitschaftswillen (Motivation), sich mit der Übernahme einer Berufsrolle in Strukturen einzugliedern, geleitet. Dabei steht für den Autor im Raum, zu klären, wodurch berufliche Leistungsfähigkeit aktiviert wird und was die Ursache dafür ist, daß Beschäftigte bestimmte berufliche Handlungen äußern und ihren Willen mobilisieren. Zunächst stellt Zabeck fest, daß "der Aktivität und Steuerung menschlichen Verhaltens einzelne Motive zugrunde liegen." (ebd., S. 82) Das für berufliche Tätigkeit ausschlaggebende Motiv ist das Leistungsmotiv, eine wichtige Persönlichkeitsvariable, ferner ebenso die Motive der sozialen Kontaktaufnahme und der sozialen Anerkennung. Zu den stabilen Persönlichkeitsmerkmalen gehört für den Autor "die Ansprechbarkeit auf den Reiz von Anforderungssituationen." (ebd., S. 83) Ausgehend von dieser Ansprechbarkeit ist der einzelne motiviert, über eine relativ lange Zeit positive Standpunkte zum gewählten Beruf zu entwickeln und ist dadurch körperlich und geistig im Stande, sich mit Anforderungen verschiedenster Ausprägung zu beschäftigen. Handelt es sich bei den Schlüsselqualifikationen um Elemente, die für die Berufsbildung relevant sind, dürfen sich Ausbildungssituationen nicht allein auf die Förderung des formalen Leistungsmotivs konzentrieren, sondern müssen gleichfalls auf die besonderen beruflichen Interessen der Auszubildenden Bezug nehmen, wobei die inhaltlichen Kenntnisse, über die sie bereits verfügen, ebenso Beachtung finden müssen. Der pädagogische Auftrag besteht nach Zabeck nun darin, den Jugendlichen für eine freiwillige Einfügung in die Mechanismen der Arbeitswelt aufzuschließen, mit dem Ziel, daß er die an ihn herangetragenen Aufgaben und Instruktionen annimmt.

Zabeck kritisiert, "daß der Erwerb beruflicher Qualifikationen entgegen der von Mertens vertretenen Auffassung nicht auf einem von der Berufspraxis abgetrennten Niveau erfolgen kann" (ebd., S. 83), da dieser Vorgang spezielle berufliche Arbeitstechniken und Gegenstandsbereiche erfordert. Der vorrangige Auftrag der Didaktik besteht darin, die Güte der für die Ausbildung notwendigen allgemeinen Inhalte der Handlungsschemata, deren Träger die Auszubildenden sind, zu stärken und dafür zu sorgen, daß diese allgemeinen Inhalte auch bei der Lösung unbekannter Aufgaben aktiviert werden, damit der Jugendliche später zum eigenständigen Transfer der Inhalte in der Lage ist (vgl. ebd., S. 83). Um diesen selbständigen Transfer reibungslos zu gewährleisten, bedarf es, so argumentiert Zabeck, der Didaktik einer transfergerechten Qualifizierung, deren Wesen es ist, transferfähige, allgemeine Inhalte innerhalb konkreter beruflicher Strukturen auszumachen und geeignete Methoden ihrer Vermittlung zu entwickeln. Der Autor bekräftigt eine Aufwertung des Allgemeinen vor dem Speziellen und thematisiert somit die gleichen Standpunkte wie es Pestalozzi und Humboldt viele Jahre vor ihm getan haben.[11]

Zabeck vertritt die Auffassung, daß es keinen Grund dafür gibt, von der traditionellen Berufsausbildung abzurücken, was aber nicht bedeutet, Schlüsselqualifikationen würden in Bezug auf die neuen Flexibilitäts- und Mobilitätsanforderungen, denen die Beschäftigten im Berufsleben ausgesetzt sind, komplett unberücksichtigt bleiben. Von Nutzen würde es daher sein, berufliche Anforderungsprofile so zu zerlegen, daß "das unter Transfergesichtspunkten Bedeutsame sichtbar wird." (ebd., S. 84)

Insgesamt ergeben sich vier Strukturmerkmale beruflicher Anforderungen, in deren Richtung, unter Berücksichtigung der Flexibilitäts- und Mobilitätsförderung, zu qualifizieren wäre.

---

11) An dieser Stelle soll deutlich werden, daß es durchaus angebracht war, im Vorfeld (vgl. Kapitel 2 dieser Arbeit) Pestalozzis und Humboldts Positionen darzulegen, die auch in modernen Publikationen noch aktuell sind.

In seinem ersten Strukturmerkmal bezieht sich Zabeck auf die Vermittlung "der Fähigkeit zur repititiven beruflichen Tätigkeit" (ebd., S. 84) und er vertritt zunächst die These, daß innerhalb der beruflichen Tätigkeit unterschiedliche Arbeitsgrundformen existieren. Von den unteren bis hinein in die höchsten Hierarchiestufen von Unternehmen werden Fähigkeiten des mechanischen, repititiven Arbeitsvollzuges gefordert. Das sind häufig Fähigkeiten spezifischer Art, also weniger allgemeine. Darum kann diesen bezüglich des Transfers keine besondere Beachtung geschenkt werden, da es ja Zabeck in erster Linie darum geht, Allgemeines inmitten bestehender Leistungsstrukturen zu bestimmen[12]. Im Gegensatz dazu können allerdings persönliche Einstellungen zum repititiven (= sich wiederholenden) Arbeitsvollzug die Voraussetzung dafür bilden, daß Erwerbstätige, sofern sie ihm gegenüber positive Einstellungen haben, einseitige und zum Teil monotone Beanspruchung im Berufalltag aushalten können. Der Bereich der beruflichen Bildung ist deshalb gefordert, eine sich bei den Auszubildenden entwickelnde Einsicht zu stärken, daß repititive Tätigkeiten für einen reibungslosen Arbeitsverlauf unabdingbar sind (vgl. ebd., S. 84).

Unter das zweite Strukturmerkmal beruflicher Anforderungen faßt Zabeck die "Umstellungsfähigkeit und die Umstellungsbereitschaft" (ebd., S. 84). Der zentrale Terminus in diesem Strukturmerkmal ist die berufliche Mobilität als Schlüsselqualifikation, die von der Umstellungsfähigkeit und der Umstellungsbereitschaft abhängt. Sie bedeutet für den Autor den Wechsel von Arbeitsplätzen, der aus struktur- und konjunkturbedingtem Arbeitsplatzverlust resultiert. Es sind Aufgabenerweiterungen durch veränderte Formen der Arbeitsorganisation, die dazu führen, daß Beschäftigten höhere soziale Qualifikationen abverlangt werden. Bezüglich des Auftrags der beruflichen Bildung gelangt Zabeck zu der Forderung "die Technik der Einarbeitung in neue Aufgabenbereiche zu vermitteln, und zwar nicht nur unter dem Aspekt variierender

---

12) Den Gedanken, das Allgemeine im Besonderen auszumachen, betont Klafki bereits innerhalb der Bildungstheoretischen Didaktik, wenn es um den Zusammenhang von Bildungsinhalt und -gehalt geht: Jeder durch den Lehrplan vorgegebene Bildungsinhalt integriert in sich einen allgemeinen Bildungsgehalt, den die Lehrer aus dem Bildungsinhalt für die Lernenden "herauszulösen" haben (vgl. Jank/Meyer, 1994, S. 152f).

Sachanforderungen, sondern auch unter dem der Integration in neue Sozialbeziehungen. Diese Technik besteht im wesentlichen in der Kenntnis und im Handhabenkönnen derjenigen Schema-Typen, zu denen sich die wichtigsten betrieblichen Organisationsmuster - bezogen auf die Gestaltung der einzelnen Arbeitsplätze - verdichten lassen. Mit adäquaten Schemata ausgestattet, dürfte es dem einzelnen gelingen, die Anforderungsstruktur eines neuen Arbeitsplatzes zu identifizieren, sich Aufschluß über evtl. bestehende Qualifikationsdefizite zu verschaffen und - gegebenenfalls und soweit überhaupt vorhanden - zielstrebig geeignete Nachqualifizierungsmöglichkeiten aufspüren." (ebd., S. 84) Bei den Lernenden sollte die Bereitschaft, sich in neue Strukturen hineinzubegeben, gefördert werden. Dies kann, so der kreative Vorschlag von Zabeck, durch den in den einzelnen Ausbildungsordnungen vorgeschriebenen Wechsel der Arbeits- und Wirkungsstätten der Jugendlichen erreicht werden, der wie ein Wechsel von Arbeitsplätzen verstanden werden soll und damit berufliche Mobilität entwickelt. Begleitet wird der Umstellungsprozeß von einer pädagogischen Betreuung, die darauf abzielt, daß der Jugendliche ständig die Möglichkeit hat, sein Handeln mit professioneller Unterstützung reflektierend zu verarbeiten (vgl. ebd., S. 84).

Der Autor präsentiert als drittes Strukturmerkmal beruflicher Anforderungssituationen "die Vermittlung beruflich-betrieblichen Orientierungswissens und beruflich-betrieblichen Urteilsvermögens" (ebd., S. 84). Wenn Beschäftigte in der Lage sein wollen, Aufgaben im Arbeitsvollzug zufriedenstellend auszuführen, sind sie auf ein breites Berufswissen angewiesen. Die Berufsschule hat demzufolge das Mandat, den Auszubildenden die entsprechenden wirtschaftlich-technischen Zusammenhänge und die notwendigen Grundkenntnisse des jeweiligen Ausbildungsberufes zu vermitteln. Dies bezeichnet Zabeck als Orientierungswissen, welches den Jugendlichen zum Träger einer Berufsrolle befähigt und zu Urteilfähigkeit führt. Jenes Orientierungswissen läuft aber mit der Zeit Gefahr, zu veralten, so daß es wichtig ist, sich die Notwendigkeit einer permanenten Bereitschaft zur Weiterbildung ins Bewußtsein zu rufen, die in der beruflichen Bildung gestärkt werden sollte. (vgl. ebd., S. 84f).

Als letztes und viertes Strukturmerkmal beruflicher Anforderungen wird das "Organisationsverständnis und die Organisationsfähigkeit" formuliert (ebd., S. 85), welche die Fähigkeit des einzelnen zur selbständigen Organisation der Aktivitäten am Arbeitsplatz meinen. Dies setzt jedoch einerseits Kenntnisse über das Unternehmen auf Mitarbeiterseite und andererseits dezentrale Entscheidungsprozesse auf Seiten des Unternehmens voraus. Zabeck spricht sich hiermit für den Wegfall tayloristischer und die Stärkung partizipativer Formen der Arbeitseinteilung aus. Um eine eigenständige Arbeitsorganisation bewerkstelligen zu können, ist ein neues Leistungsbewußtsein sowie die kognitive Wahrnehmung organisationsrelevanter Handlungsschemata wesentlich: "Angesichts der Zurücknahme TAYLORistischer und bürokratischer Organisationsprinzipien (...) kommt der Fähigkeit des einzelnen zur selbständigen und verantwortlichen Gestaltung seiner Aktivitäten am Arbeitsplatz eine erhöhte Bedeutung zu. Gefördert wird diese Entwicklung durch die Einführung der modernen Informations- und Kommunikationstechnologie. Die Dezentralisation betrieblicher Entscheidungsprozesse setzt aber nicht nur voraus, daß der Mitarbeiter über kognitive organisationsspezifische Schemata verfügt, er muß auch von einer Leistungsgesinnung bestimmt werden, die zumindest das zu kompensieren vermag, was in der Ära des überkommenen Organisationsparadigmas die bürokratische Fremdbestimmung zu erreichen versuchte." (ebd., S. 85)

Zusammenfassend läßt sich betonen, daß Zabeck anerkanntermaßen nicht nur eine psychologische Fundierung von Schlüsselqualifikationen fordert, sondern selbst versucht, sie mit etablierten psychologischen Theorien zu verbinden. Dieser Schritt ist bei anderen Autoren, so auch bei Elbers u. a., nicht zu verzeichnen, sie fordern zwar eine psychologische Fundierung, bringen aber keine eigenständigen Lösungsvorschläge für solch eine Fundierung ein. Zabecks Plädoyer, sich an den herkömmlichen Formen der Berufsausbildung, trotz Beachtung der Mobilitäts- und Flexibilitätserfordernisse, weiterhin zu orientieren, muß hingegen kritisch gesehen werden, denn neue Qualifikationsanforderungen bedingen auch Neuerungen im Bereich der Berufsbildung. Zum einen sind seine Interpretationen und Analysen des Schlüsselqualifikationsansatzes, welche es ablehnen, Schlüsselqualifikationen als vollends neu erfundene, noch nie dagewesene Qualifikationen zu bewerten, legitim und angemessen. Zum anderen führt seine Einbindung des Ansatzes in psychologische Theorien nicht zur konstruktiven Bewältigung momentaner Probleme auf dem Ausbildungssektor, da er in seinem Aufsatz auf diese überhaupt nicht tiefgründiger eingeht. Es wäre womöglich besser gewesen, von vornherein die zentrale Frage zu stellen, welche Mängel in der Ausbildungspraxis existieren, um dann von diesem Blickwinkel aus bestehende Ausbildungssituationen zu untersuchen und aus beruflichem Handeln, mit Bezugnahme auf neu eingeführte Technologien, daraus entstehende, sich verändernde Arbeitsorganisationsformen, Anforderungen und die Notwendigkeit von Schlüsselqualifikationen für die Mitarbeiter, zu deduzieren. Die systematische Erforschung von Schlüsselqualifikationen bleibt bis dahin unproduktiv, solange geglaubt wird, man könnte lediglich ohne Datenerhebung und -analyse theoretische Erkenntnisse unterschiedlicher, nebeneinander bestehender Teilgebiete der Psychologie auf Schlüsselqualifikationen anwenden. Aktualität und Bestand von Zabecks Texten dürften darin bestehen, daß er in ihnen versucht, die Schlüsselqualifikationsproblematik psychologisch und theoretisch zu erhellen und die Richtungen auszuloten, welche Theorien bei der Bearbeitung von Schlüsselqualifikationen in Frage kommen. Aus diesem Grund sind Zabecks Ansätze keinesfalls von marginaler Bedeutung und wir können sie deshalb zu den Beiträgen der Schlüsselqualifikationsdebatte zählen, die in die zweite Gruppe gehören.

5.4 Progressives Gedankengut in der Schlüsselqualifikationsdebatte

In dieser dritten Gruppe von ausgewählten Beiträgen zur Schlüsselqualifikationsdebatte zeigt sich eine durch die Autoren immer stärker hervortretende Aufgliederung von Schlüsselqualifikationen in Kompetenzbereiche, eine Sichtweise, die von ihrer terminologischen als auch inhaltlichen Ausrichtung aktuelle Auffassungen in der Wissenschaftsmeinung widerspiegelt und innerhalb der Pädagogik vor allem auf dem Gebiet des ganzheitlichen Lernens, in der beruflichen Bildung bei Ott (1995), diskutiert wird. Schlüsselqualifikationen werden meist in vier Kompetenzbereiche gegliedert: Die fachlichen, die methodischen, die sozialen und die personalen Kompetenzen (vgl. Wilsdorf, 1991). In den Schriften von Reetz (1990) und Lauer-Ernst (1990) liegt die Aufmerksamkeit in der Betonung sozialer und personaler Kompetenzen wie z.B. Kommunikations- und Kooperationsfähigkeit, Verantwortungsbereitschaft und Selbständigkeit. In weiteren Publikationen können Teile dieser Vierteilung auch mit anderen Begriffen gekennzeichnet sein. Dann sind neben den sozialen und personalen Fähigkeiten mitunter materiale und formale Fähigkeiten im psychomotorischen und kognitiven Bereich als Kennzeichnung von Kompetenzen integriert, so bei Schelten (1994, S. 275). Eine derartige Unterschiedlichkeit bezüglich der Terminologie und Abgrenzung der Kompetenzbereiche untereinander resultiert aus den verschiedenen Perspektiven der Wissenschaftler und ihrem jeweiligen Herangehen an die Schlüsselqualifikationsthematik. Im Zuge dieser Ausdifferenzierung erfolgt eine Abkehr von der eher kognitiven Ausrichtung des Schlüsselqualifikationsansatzes bei Mertens. Im Vergleich zu den bisher vorgestellten Aussagen drückt sich das Neue vor allem in der starken Hervorhebung der sozialen und personalen Fähigkeiten aus, was jedoch durchaus auch als problematisch angesehen werden kann, denn Heid (1995) vertritt beispielsweise den Standpunkt, die Konzentration auf sozial-personale Fähigkeiten produziert weniger fachliche Kompetenzen, sondern es würden lediglich positive Einstellungen vermittelt werden, die aber wiederum schwerer greifbar sind (vgl. Heid, 1995, S. 46ff).

Progressives Gedankengut zur Schlüsselqualifikationsthematik präsentieren vor allem die Texte von L. Reetz (1989 und 1990), U. Lauer-Ernst (1990 und 1996) und R. Dubs (1996).

5.4.1 Ein persönlichkeitsorientierter Ansatz (L. Reetz)

Bevor Reetz 1990 seinen persönlichkeitsorientieren Ansatz vorstellt, mit dem er das Schlüsselqualifikationskonzept am ehesten als theoretisch fundiert betrachtet, äußert er sich ein Jahr zuvor kritisch über die Beliebtheit des Schlüsselqualifikationsbegriffs und merkt an, daß er als bloße Worthülse fungiert, die jeder mit seinen eigenen Gedanken und Ideen willkürlich ausfüllen kann (vgl. Reetz, 1989, S. 3). Aus diesem Grund versucht

Reetz den Begriff einzugrenzen, indem er ihm bestimmte Merkmale zuweist. Als Schlüsselqualifikationen dürfen demnach nur solche Qualifikationen gelten, die berufsübergreifend sind, den aktuellen technischen Anforderungen entsprechen, individuelle Verhaltensweisen bewahren und mit denen Veränderungen bewältigt werden können (vgl. ebd., S. 10). Damit hat Reetz zwar umrissen, welche Eigenschaften Schlüsselqualifikationen zu besitzen haben, was Schlüsselqualifikationen nun aber konkret sind, wird durch ihn nicht erläutert.

Die sich im Bereich der arbeitsorganisatorischen Konzepte vollziehenden Veränderungen sind für den Wissenschaftler nur ein Grund für die Aktualität von Schlüsselqualifikationen, der andere bezieht sich auf die individuelle sowie pädagogische Bedeutung von Schlüsselqualifikationen. Aus diesem Verständnis resultierend nimmt Reetz Bezug auf Humboldts Bildungsauffassung und betont, "(...) daß der auf W. v. Humboldt sich berufende Versuch, individuelle Ansprüche der Persönlichkeitsbildung gegenüber den Zwecken gesellschaftlicher Institutionen durchzusetzen, eines der dominanten Themen und Motive der Berufs- und Wirtschaftspädagogik seit ihrer Entstehung ist. Der Boden ist demzufolge bereitet für Anregungen, das Konzept der Schlüsselqualifikationen mit dem der Persönlichkeitsentwicklung zu verbinden." (Reetz, 1990, S. 21)

Reetz erkannte schon früh die Gefahren des Schlüsselqualifikationsansatzes von Mertens und befürchtete einen Rückfall in die funktionale Bildungstheorie. Seinen Ansatz konzipiert er als persönlichkeitsorientierten Ansatz, in dem die menschliche Handlungsfähigkeit zentrale Kategorie ist. Dieser Handlungsfähigkeit sind fünf Systeme menschlicher Kräfte und Fähigkeiten vorgelagert. Hierin sieht Reetz die Gesamtheit und Leistungsfähigkeit dieses persönlichkeitsorientierten Ansatzes. Innerhalb des Antriebs-, Wert-, Orientierungs-, Steuer- und Lernsystems befinden sich alle psychisch bedeutsamen Systeme der Persönlichkeit: Das Denken, Handeln, Fühlen, Wollen und Lernen (vgl. Reetz, 1989, S 9f). Die menschliche Handlungsfähigkeit läßt sich wiederum in drei Dimensionen einteilen, die das zentrale Handlungssystem bilden: Die Sachkompetenz, die sachrelevantes Verhalten und Handeln ausmacht, die

Sozialkompetenz, welche auf sozialeinsichtiges Verhalten gerichtet und die Selbstkompetenz, die wertbezogenes Verhalten ist. Eine sich auf ein derartiges Persönlichkeitsmodell stützende Systematik von Schlüsselqualifikationen muß für Reetz eine Unterscheidung zwischen den im Handlungssystem biographisch vorgelagerten Fähigkeiten und den Haltungen als Verhaltensbereitschaften treffen, die sich auf das berufliche Handeln beziehen (vgl. ebd., S. 9). Aus dieser Unterscheidung heraus trennt er die als Schlüsselqualifikationen wirkenden persönlich-charakterlichen Fähigkeiten von denen, die eher berufsbezogen und somit spezieller sind. Für Reetz ergibt sich daraus eine Dreiteilung von Schlüsselqualifikationen:

1. Persönlich-charakterliche Grundfähigkeiten (Selbstkompetenz), z.B. Einstellungen und charakterliche Eigenschaften,
2. Leistungs-, tätigkeits-, aufgabengerichtete Fähigkeiten (Sachkompetenz), z.B. Problemlösen und Entscheiden,
3. Sozialgerichtete Fähigkeiten (Sozialkompetenz), z.B. Kooperations- und Verhandlungsfähigkeit (vgl. ebd., S. 10).

Obgleich diese Ausdifferenzierung der Schlüsselqualifikationen auf der einen Seite zwar durchdacht, trotzdem aber recht kompliziert erscheint, wird auf der anderen Seite nicht auf die Problematik eingegangen, welche Auswirkungen jene Einteilung für die berufliche Bildung hat und welche etwaigen Veränderungen diesbezüglich in ihr vorgenommen werden müßten.

Reetz bezieht sich in dem 1990 mit von ihm herausgegebenen Sammelband über Schlüsselqualifikationen in seinem Beitrag auf eine weitere theoretische Dimension, nämlich auf handlungstheoretische Aspekte. Hierbei geht er, so wie auch J. Zabeck, vorrangig auf die Ausführungen von Aebli zur Handlungstheorie ein, der die Relation zwischen Handeln und Wissenserwerb hervorgehoben hat und dessen Forderungen sich auf eine gleiche Vermittlung von Wissen mit Sachstruktur und Wissen mit Handlungsstruktur konzentrieren (vgl. Reetz, 1990, S. 26). Handlungsorientiertes Lernen müsse laut Reetz vor allem drei Gesichtspunkte berücksichtigen: Erstens sollte eine Übereinstimmung zwischen schulischem Lernhandeln und dem Arbeitshandeln bestehen, so daß der Lerntransfer maximiert wird. Zweitens können komplexe Handlungsabläufe in dem Unterricht trainiert werden, der praxisorientiert ist und schwerer faßbare sowie vielschichtigere Aufgaben an die Lernenden heranträgt, z.B. in Projekten. Drittens sollte stets das aktive Handeln im Vordergrund stehen, welches sich im selbständigen Planen und Kontrollieren von Arbeitsabläufen ausdrückt. Aktives Handeln stellt sich dann ein, wenn Lernprozesse reflexiv angelegt sind, das heißt, der Lernende muß in der Lage sein, eigene Erfahrungen und Handlungsergebnisse reflektierend zu verarbeiten, damit später ein Transfer erlernter Fähigkeiten auf neue Situationen möglich wird (vgl. ebd., S. 26). Im Zuge der handlungstheoretischen Überlegungen wird deutlich, daß Reetz den Schlüsselqualifikationsbegriff überhaupt nicht mehr verwendet. Auch handelt es sich bei den Postulaten, wie ein handlungsorientiertes Lernen auszusehen hat, eher um recht allgemeine Anmerkungen und wünschenswerte Zielvorstellungen beruflicher Unterweisungssituationen, die ebenso hätten formuliert werden können, wenn Schlüsselqualifikationen überhaupt nicht zur Diskussion stehen würden.

Das wirklich Progressive, was Reetz in die Schlüsselqualifikationsdebatte einbringt, ist die Betonung des Zusammenhangs von Persönlichkeit und Schlüsselqualifikationen und dementsprechend der Bezug auf die Persönlichkeitstheorie sowie die Neueinteilung von Schlüsselqualifikationen in Selbst-, Sach- und Sozialkompetenz. Reetz verlagert das Lernen hin zur Person und beschreibt Lernen als aktiven Prozeß.

U. Lauer-Ernst, deren Schriften auch in die dritte Gruppe der Beiträge zur Schlüsselqualifikationsdebatte einzuordnen sind, sieht Schlüsselqualifikationen als Ansatz individueller Persönlichkeitsbildung durch Berufsbildung. Aufgrund der Bezugnahme auf persönlichkeitstheoretische Aspekte, ist ein Zusammenhang zu den Standpunkten von Reetz festzustellen.

5.4.2 Berufsübergreifende Qualifikationen statt Schlüsselqualifikationen (U. Lauer-Ernst)

In ihrem 1996 erschienen Aufsatz argumentiert Lauer-Ernst bereits in der Überschrift auf

-99-

der skeptischen Linie, denn sie bezeichnet Schlüsselqualifikationen als "ein ambivalentes Konzept zwischen Ungewissheitsbewältigung und Persönlichkeitsbildung" (Lauer-Ernst, 1996, S. 17). Sie kritisiert die hohe Anzahl an Fähigkeiten und Fertigkeiten, die inzwischen unter dem Schlüsselqualifikationsbegriff Anwendung finden und bezweifelt ihre jeweils eigenständige theoretische Fundierung. Dabei denkt Lauer-Ernst an solche Fähigkeiten und Fertigkeiten, die nicht auf unterschiedlichen, sondern den gleichen kognitiven Strukturen und gemeinsamen Persönlichkeitskomponenten basieren. Durch die permanente Formulierung neuer, die Berufsbildung beherrschender Fähigkeiten und Fertigkeiten befürchtet sie eine Verdrängung berufsfachlicher Qualifikationen und eine in der Ausbildung stattfindende Vermittlung von Schlüsselqualifikationen, die als Gegenpol zur Vermittlung von fachlichem Wissen verstanden werden könnte (vgl. Lauer-Ernst, 1990, S. 38). In diesem Zusammenhang stellt die Wissenschaftlerin klar, daß es eher um eine Vermittlung gehen sollte, die fachliche, soziale und methodische Fähigkeiten und Fertigkeiten zu gleichen Anteilen integriert. Lauer-Ernst beobachtet drei aktuelle Entwicklungen in der beruflichen Bildung:

Zum ersten betont sie eine "Orientierung am komplexen Bildungsziel 'beruflicher' Handlungsfähigkeit" (ebd., S. 41). Diese Entwicklung ist besonders fortschrittlich, da innerhalb der Berufsbildung die Priorität auf der Ausbildung von Handlungskompetenz liegt, die gleichermaßen auf theoretisch-fachliche wie auf berufsübergreifende Kompetenzen Bezug nimmt (vgl. ebd., S. 41). Zum zweiten kritisiert Lauer-Ernst die bloße Vermittlung von Faktenwissen in der Berufsbildung. Ein zeitgemäßes Bildungsverständnis zielt jedoch vielmehr auf Qualifikationen ab, mit denen auf der Basis ineinandergreifender Fähigkeiten und Fertigkeiten berufliche Problemsituationen bewältigt werden können (vgl. ebd., S. 41). Zum dritten stellt Lauer-Ernst die Gefahr der Entspezialisierung der Berufe durch eine verminderte Betonung der Fachbildung fest. In der Dominanz und Angleichung der Arbeitsinstrumente und Problemlösemethoden, resultierend aus den Informations- und Kommunikationstechniken, sieht sie den Grund für diesen dritten Entwicklungstrend (vgl. ebd., S. 42).

Als wichtige Potentiale beruflicher Bildung fungieren für Lauer-Ernst berufsübergreifende Qualifikationen, die sie in drei Gruppen systematisiert und mit denen sie die sich aus ihnen ergebenden Folgen für die Lernbedingungen und Ausbildungssituationen zu verbinden versucht. Im Gegensatz zu anderen Wissenschaftlern klammert Lauer-Ernst den Schlüsselqualifikationsbegriff aus, da er für sie den Anschein birgt, als hätten die Träger solcher Qualifikationen im Vergleich zu anderen Beschäftigten einen gewissen beruflichen Sonderstatus und könnten in besseren Positionen tätig sein, was aber aufgrund der Arbeitsmarktlage schwer einlösbar ist. Statt dessen thematisiert sie den Begriff der *berufsübergreifenden Qualifikationen*, der aber die gleichen Intentionen wie der Schlüsselqualifikationsbegriff expliziert (vgl. ebd., S. 36).

Bezüglich der Systematisierung berufsübergreifender Qualifikationen spricht Lauer-Ernst in der ersten Gruppe "interdisziplinäres Sachwissen" an (vgl. ebd., S. 39). Das ist objektives, zwischenberufliches Wissen, welches ebenso wie fachliche Lerninhalte mit den traditionellen Methoden vermittelt werden kann, z.B. im Lehrer-Schüler-Vortrag (vgl. ebd., S. 40). Ziel ist es dabei, z.B. kaufmännisches Wissen auch in Metallberufen zu etablieren. In der zweiten Gruppe sind methodische Kenntnisse und Fähigkeiten enthalten, die Lauer-Ernst als "verfahrens - und verhaltenstechnisches Können" bezeichnet. Das sind bekannte und neue Arbeits- und Kulturtechniken als Methoden wie beispielsweise die Präsentation oder computergestützte Darlegung von Arbeitsergebnissen (vgl. ebd., S. 40). In der dritten Gruppe sind "persönlichkeitsbezogene Fähigkeiten und Bereitschaften" enthalten, bei denen es sich um kein objektiv vermittelbares Wissen handelt, sondern um komplexe Fähigkeiten, die nur über die Auseinandersetzung mit der sozialen Umwelt aufgebaut werden können, die sich der Lernende selbst aktiv aneignen muß und die durch keine korrekt definierten Endzustände gekennzeichnet sind. Herkömmliche Vermittlungskonzepte, in denen bestehendes Wissen nur übernommen und gelernt zu werden braucht, führen hier nicht zum Erfolg. Aus diesem Grund "erfordert die Einbeziehung der personenbezogenen Qualifikationen ein wirkliches Umdenken in der Berufsbildungspraxis" (ebd., S. 40f).

Lauer-Ernst kritisiert die Tatsache, daß bisher eine ungenügende Vermittlung persönlichkeitsbezogener Qualifikationen im Ausbildungsalltag stattgefunden hat. Ihre Kritik bezieht sich dabei besonders auf ein Bildungsverständnis, welches das Ziel der Anerkennung und bloßen Übernahme bestimmter Werte und Normen durch den Lernenden verfolgt. Die Methoden der Kontrolle und Sanktion sowie der Bestrafung und Ermahnung wirken hinsichtlich der Forderung nach mehr Kreativität und Selbständigkeit in der Arbeitswelt kontraproduktiv. Weiterhin wendet sich Lauer-Ernst gegen die Bestrebungen, persönlichkeitsbezogene Qualifikationen durch spezielle Techniken vermitteln zu wollen. Als Beispiel führt sie Kommunikationsfähigkeit an, welche mit Hilfe von Argumentationstechniken und Anleitungen zur Gesprächsführung vom Lehrer vermittelt und vom Lernenden lediglich übernommen und eingeübt werden. Diese Arbeitsweise erinnert sie an tayloristische Arbeitsabläufe, in denen für jede Situation konkrete Handlungsabläufe vorherrschen (vgl. ebd., S. 45). Zur Förderung berufsübergreifender Qualifikationen sind Veränderungen im Bildungsbereich notwendig. Lauer-Ernst vertritt die Auffassung, daß berufsübergreifende Qualifikationen "integrativ und gemeinsam mit dem Erwerb berufs(gruppen)-spezifischer fachlicher Kompetenz" (ebd., S. 43) und anhand der gleichen Gegenstände und Problemlagen gefördert werden sollten. Das ergibt auch Neuerungen in der Vermittlung von Fachwissen. Dabei ist das Lernen von Fakten, Begriffen und Regeln kein Hauptbestandteil der Bildungsprozesse, sondern viel wichtiger ist das Verstehen von Wechselwirkungen und Zusammenhängen von Arbeitsprozessen sowie das selbständige Erkennen von Problemen (vgl. ebd., S. 43). Komplexität in den zu bearbeitenden Aufgabenstellungen wird durch den Auszubildenden als Herausforderung wahrgenommen und erhöht die Transferfähigkeit von Wissen. Hingegen sind Monotonie, hoher Strukturierungsgrad der Aufgaben und Routinearbeiten in der integrativen Vermittlung von berufsübergreifenden und fachlichen Qualifikationen nicht fördernd. Aus methodischer Sicht sind in der Berufsbildung Konzepte in den Vordergrund zu stellen, die auf psychologischen Handlungs- und Entwicklungstheorien basieren und die Persönlichkeit ins Zentrum der Betrachtung rücken (vgl. ebd., S. 48). Im Gegensatz zu L. Reetz hält Lauer-Ernst die alleinige Orientierung auf handlungstheoretischen

Unterricht nicht für ausreichend, um die Persönlichkeit der Auszubildenden zu fördern. Sie kritisiert die im handlungstheoretischen Unterricht stattfindende Anwendung neuer Lehrmethoden, die lediglich die Voraussetzung für eine Persönlichkeitsentwicklung schaffen, jedoch keine Erfolgsgarantie für sie darstellen. "Eine Persönlichkeitsförderung im Medium des Berufes erfordert (...) eine grundlegende Umorientierung in Fragen der Lehr-Lernprozeßgestaltung." (ebd., S. 47) Handlungsorientierte Ansätze sind nur dann effektiv, so merkt Lauer-Ernst an, wenn sie die gesamte Persönlichkeit einbeziehen, wie dies z.B. im Projektunterricht der Fall ist (vgl. ebd., S. 48). Zum Zusammenhang zwischen Persönlichkeitsentwicklung und den Arbeitsbedingungen betont Lauer-Ernst die vielfach noch bestehenden tayloristischen Abläufe im Arbeitsalltag, die sich nur Schritt für Schritt aufzulösen scheinen. Persönlichkeitsentwicklung kann sich aber nur dort vollziehen, wo ein hohes Maß an Selbständigkeit und Eigeninitiative von den Beschäftigten erwartet und ihnen im Gegenzug die Freiheit zur persönlichen Entfaltung dieser Fähigkeiten gewährt wird (vgl. ebd., S. 50).

In dem 1996 publizierten Aufsatz stellt Lauer-Ernst fest, daß Schlüsselqualifikationen in den vergangenen Jahren zu einem Phänomen avancierten, das sowohl für die Pädagogik und der sich in ihr vollziehenden Anstrengungen der wissenschaftlichen Erforschung von Schlüsselqualifikationen als auch für die Bereiche der Unterrichtspraxis und der Wirtschaft von großem Interesse ist. Der Grund für diese Aufmerksamkeit liegt in den rasanten Entwicklungen im Wirtschafts- und Arbeitsleben sowie den daraus resultierenden Anforderungen für die Beschäftigten, sich auf den dynamischen Wandel und auf neue Arbeitsplatzstrukturen einzustellen (vgl. Lauer-Ernst, 1996, S. 17). Das Schlüsselqualifikationskonzept wird dabei als Instrument einer beruflichen Bildung für die technologischen, strukturellen und arbeitorganisatorischen Veränderungen betrachtet. Obwohl überall von Schlüsselqualifikationen die Rede ist, sind sie aus wissenschaftlicher Perspektive noch mit vielen offenen Fragen und Problemen behaftet. Lauer-Ernst diskutiert ihre Kritik an Schlüsselqualifikationen auf vier Ebenen: Der Inhaltsleere von Schlüsselqualifikationen, der mangelnden theoretischen Fundierung, der Ebene der Schwierigkeit der Vermittlung von

Schlüsselqualifikationen in unterschiedlichen Situationen der Berufsbildung und der Abprüfbarkeit von Schlüsselqualifikationen (vgl. ebd., S. 20). Sie räumt ein, daß Schlüsselqualifikationen Lerninhalte und -ziele darstellen, deren wissenschaftliche Untersuchung schwierig ist, da es sich hierbei um Fähigkeiten und Fertigkeiten, "Meta- oder Basisfähigkeiten, Verhaltensdispositionen oder Persönlichkeitsmerk-male" handelt, die klar definiertes Wissen und konkrete Handlungen überschreiten (ebd., S. 20). Es sind komplexe Qualifikationspotentiale, welche nicht mit bestimmten, greifbaren Fakten in Zusammenhang stehen.

Eine andere noch nicht geklärte Problematik bezieht sich auf die Abprüfbarkeit von Schlüsselqualifikationen, das heißt, es ist noch offen, "welche 'Anteile' der festgestellten Kooperationsfähigkeit, Problemlösekompetenz, Kreativität oder des strategisch-vernetzten Denkens auf die beruflichen Lehr- und Lernprozesse in Schule und Betrieb zurückgeführt werden können oder inwieweit sie Ausdruck vorgängiger Lernprozesse, früherer Persönlichkeitsentwicklung und/oder Resultat von Lernerfahrungen in parallelen Lernfeldern sind." (ebd., S. 21)

Die anstehenden offenen Fragen machen deutlich, daß in der theoretischen Fundierung, Vermittlung und Beschreibung von Schlüsselqualifikationen die Wissenschaft vor großen Herausforderungen steht. Die Standpunkte von Lauer-Ernst sind deshalb in die dritte Gruppe der zur Schlüsselqualifikationsdebatte zählenden Beiträge einzuordnen, da sie durch ihre Version der Kategorisierung von berufsübergreifenden Qualifikationen im Sinne von Schlüsselqualifikationen versucht, etwas zur Systematisierung des Schlüsselqualifikationskonzepts zu leisten, Aspekte der Persönlichkeitsentwicklung einbezieht und Kritik übt, indem sie Schwachstellen des Konzepts in vier Bereichen anspricht sowie Veränderungen für den Bereich der beruflichen Bildung diskutiert. Trotzdem muß auf der anderen Seite auch Kritik an Lauer-Ernsts Positionen formuliert werden: Bedauerlicherweise existiert auch bei ihr die Inhaltsleere von Schlüsselqualifikationen weiter, sie unterbreitet keine Vorschläge, wie dieses Problem gelöst werden könnte. Gleichfalls bleibt das Transferproblem bestehen. Wenn auch eine Systematisierung von Schlüsselqualifikationen vorgestellt wird, ist weiterhin eine offene Frage, für welche Fähigkeiten welches Wissen nötig ist und welche konkreten Fähigkeiten und Fertigkeiten die Voraussetzungen von Schlüsselqualifikationen bilden.

5.4.3 Schlüsselqualifikationen und der Begriff der neuen Lehr-Lern-Kultur (R. Dubs)

R. Dubs definiert Schlüsselqualifikationen in seinem 1996 verfaßten Aufsatz "Schlüsselqualifikationen - werden wir erneut um eine Illusion ärmer?" als Fähigkeiten mit hoher Reichweite, die aufgrund des technisch-arbeitsorganisatorisch bedingten Wandels wichtige Elemente sind und im Gegensatz zu fachlichen Inhalten nicht veralten. Sie können nur an konkreten berufsspezifischen Inhalten gefördert werden. Er befürwortet den Schlüsselqualifikationsansatz von L. Reetz (1990), in dem das Individuum, welches den Lernprozeß, dessen Inhalte sich an grundsätzlichen, komplexen und berufsnahen Situationen ausrichten, selbst mitgestaltet und somit in ihm eine zentrale Position einnimmt (vgl. Dubs, 1996, S. 49).

Zugleich kritisiert Dubs aber die seiner Auffassung nach in der Literatur hinlänglich akzeptierte, allerdings simplifizierte Perspektive "Schlüsselqualifikationen liessen sich als allgemeine und überdauernde Fähigkeiten definieren, die sich beliebig mit Lerninhalten kombinieren lassen (...)" (ebd., S. 50). Dem zu entgegnen, plädiert der Autor für eine Verknüpfung und gegenseitige Ergänzung zwischen spezifischen Kenntnissen und allgemeinen Fähigkeiten, denn eine Erforschung von Schlüsselqualifikationen, die von einer Orientierung an speziellen Inhalten absieht, ist nicht konstruktiv. Aus diesem Grunde bezeichnet Dubs die Auffassung, Schlüsselqualifikationen seien nun das Allheilmittel, um Schule zukunftsfähiger zu gestalten, indem das Lehrpersonal willkürlich wünschenswerte und zeitlich überdauernde Qualifikationen im Sinne von Fähigkeiten auswählt, als Illusion des Verständnisses und der Wirkung von Schlüsselqualifikationen. Sie bedürfen hingegen einer inhaltlich strukturierten und methodisch durchdachten Vermittlung im Unterrichtsprozeß. Wie unschwer zu erkennen, weist Dubs in seinem Aufsatz dem Fachwissen eine wichtige Rolle im Rahmen der Schlüsselqualifikationsthematik zu. Dabei zeigt er anhand eines kurzen Beispiels, daß zur Förderung von Schlüsselqualifikationen Fachwissen notwendig ist und ohne verfügbares Fachwissen beim Individuum keine Schlüsselqualifikationen existieren können: Sind die Schüler aufgefordert, im Fachunterricht beispielsweise wirtschaftspolitische Aussagen zu beurteilen, um die Schlüsselqualifikation des kritischen Denkens zu schulen, dann sind sie dazu schwer in der Lage, "(...) wenn sie etwa aus dem Philosophie-Unterricht die Gesetze der Logik verstehen und anwenden können, sondern sie benötigen auch volkswirtschaftliches Fachwissen. Oder allgemein ausgedrückt bleibt das jeweilige Fachwissen eine grundlegende Voraussetzung für alle Lern- und Denkprozesse, so dass es keine Schlüsselqualifikationen geben kann, die nicht mit spezifischem Fachwissen verbunden sind." (ebd., S. 51) Aufgrund dieser Tatsache sollte zunächst die Vermittlung einer im Sinne von Erschließungswissen fundierten und breiten Wissensbasis erfolgen, die den Grundstock an Kenntnissen bildet, auf dem das Individuum, vergleichbar mit der Funktion der Horizontalqualifikationen bei Mertens (1974), im Stande ist, sich neue Informationen zu organisieren, das heißt, Informationen wahrzunehmen, zu verarbeiten und zu begreifen. Denn " (...) wer nichts weiss, ist nicht fähig, Probleme zu erkennen und weitere Informationen zu erfassen und zu verstehen." (ebd., S. 51) Des weiteren liefert eine gute Wissensbasis, so die zweite Funktion, die ihr Dubs zuschreibt, den Grundstein für weiterführende Denkprozesse und Vorgänge des lebenslangen Lernens. Damit die Lernenden als Berufstätige in Zukunft an ihrem jeweiligen Arbeitsplatz handlungsfähig sind und angemessen auf unvorhergesehene Problemlagen reagieren können, ist darüber nachzudenken, welche Inhalte in den Bereich der Wissensbasis zu integrieren sind. Es sollten solche Lerninhalte sein, die es zulassen, daß das Individuum auf ihnen aufbauen und sich neue Situationen erschließen kann und welche die Voraussetzung für die Weiterentwicklung der beruflichen Qualifikationen bilden.

In seiner Argumentation geht Dubs von einer von Bunk (1990) präsentierten Stellung zum Schlüsselqualifikationsbegriff aus, in der artikuliert wird, daß sich Schlüsselqualifikationen auf das ganzheitliche Lernen beziehen, welches neben der fachlichen und methodischen Kompetenz auch die Individual- und Sozialkompetenz enthält. Hinsichtlich des Anspruchs der Ganzheitlichkeit von Schlüsselqualifikationen kritisiert Dubs die in vielen Fällen innerhalb der Lernprozesse nur nebenbei, gewissermaßen als "nette" Nebenprodukte, entstehende Ausbildung von sozialen und individuellen Kompetenzen, wobei seiner Meinung nach derartige Kompetenzen als Implikationen in Schlüsselqualifikationen nur dann dauerhaft effektiv sind, wenn sie bewußte und fest verankerte Kategorien bzw. Bausteine im Lehr-Lern-Prozeß sind (vgl. ebd., S. 52f). Eine weitere Kritik richtet sich auf die kaum überschaubare Anzahl an Kompetenzen, die in den vergangenen Jahren willkürlich und unpräzise formuliert wurden und damit natürlich der eigentlichen Funktion der Kompetenzen und ihrem Verständnis entgegensteht. In letzter Zeit hat sich jedoch nicht nur der Kompetenzkatalog immens erweitert, sondern es sind auch vielfältige Ansätze entstanden, die das illusorische Ziel verfolgen, man könne mit Hilfe zentraler, allgemeiner und zeitlich unbegrenzter Fähigkeiten eines der Kardinalthemen der Didaktik bewältigen, nämlich die Auswahl der richtigen Lerninhalte und Fähigkeiten für Lehrpläne und Unterricht. Dubs kritisiert diesbezüglich, daß in Wirklichkeit solche Konzepte einerseits zu theorielastig und abstrakt in Erscheinung treten, somit nicht praktisch im Unterrichtsgeschehen umsetzbar sind, andererseits sind manche zu einfach dargestellt, so daß ihre Tragfähigkeit aus wissenschaftlicher Sicht fragwürdig erscheint (vgl. ebd., S. 53). Der Autor bemängelt ebenso die schwer durchschaubare Fülle an Definitionsvorschlägen zum Schlüsselqualifikationsbegriff. Man stelle sich vor, daß mittlerweile ca. 600 Definitionen zur Diskussion stehen. Allein aus dieser Lage heraus formuliert Dubs deutliche Zweifel, "(...) ob Schlüsselqualifikationen für die Zukunft ein geeigneter Ansatz bleiben." (ebd., S. 53) Weiterhin heißt es: "Seine vielen programmatischen Darstellungen scheinen mir den Blick für die Komplexität curricularer und didaktischer Entscheidungen sehr zu vereinfachen" (ebd., S. 53) und sie führen "zu einem gefährlichen, oberflächlichen Schematismus, bei dem die Erneuerung der Unterrichtsgestaltung eine Illusion bleibt."(ebd., S. 56). Statt den problembeladenen Schlüsselqualifikationsbegriff weiter zu verwenden, entwickelt Dubs den von seinen Merkmalen her eher didaktisch-pragmatisch anmutenden Begriff der "neuen Lehr-Lern-Kultur", der genauso wie der

Schlüsselqualifikationsbegriff die Wichtigkeit der Fähigkeiten mit hoher Reichweite betont und mit dem er sich am stärksten identifizieren kann. Dementsprechend differenziert und engagiert fällt sein Plädoyer für diese Konzeption aus. Es wird hier jedoch nicht der Versuch unternommen und die Illusion nahegelegt, um mit Zabeck Worten zu kommentieren, man habe unter Anwendung einer didaktischen Zauberformel, den Schlüsselqualifikationen, die Zukunft im Griff (vgl. ebd., S. 53).

Insgesamt stellt R. Dubs (S. 53ff) elf Merkmale einer neuen Lehr-Lern-Kultur zur Diskussion:

1. Das Merkmal der *Wissensbasierung und Lernzielorientierung* zielt auf ein Streben nach höheren Lernzielen ab, die nur aufgebaut werden können, wenn eine fundierte Basis an Kenntnissen beim Individuum vorhanden ist. Auf dieser Wissensbasis sollte es möglich sein, sich später neues Wissen selbständig zu erschließen.

2. Die *Prozeßorientierung* richtet sich an der konkreten Hervorhebung des Aneignungsprozesses der Lerninhalte durch den Lernenden aus, so daß Denkprozesse für ihn stärker ins Bewußtsein treten.

3. *Affektive und soziale Orientierung* bedeuten, daß Affekte und soziale Vorgänge durch eine geeignete Lernumgebung gefördert werden könnten.

4. *Angeleitetes und selbstgesteuertes Lernen* wechseln sich im Unterricht ab, wobei Lernziele, Zeit, Bedingungen und Charakteristika der Lernenden ausschlaggebende Kriterien für derartige Formen des Lernens bilden.

5. *Individuelles und kooperatives Lernen* als weitere Merkmale einer neuen Lehr-Lern-Kultur sind Lernformen, in denen ein selbständiges Aneignen von Inhalten durch einen Austausch über Lerninhalte mit anderen Lernenden konstruktiv erweitert wird.

6. *Fremdevaluation und Selbstevaluation* sind Formen der Bewertung, die sich ergänzen sollten. Fremdevaluation bedeutet hierbei die Vergabe von Bewertungen der Lernprozesse in Form von z.B. Noten, Beurteilungen und Zeugnissen durch die Lehrperson und Selbstevaluation die selbständige Einschätzung der Lernprozesse durch den Lernenden selbst.

7. *Rückbesinnung auf das eigene Denken* basiert auf dem Begriff der Metakognition,

nämlich dem Bewußtmachen und der Reflexion der Lernprozesse und des Vorgangs der Kognitionen durch den Lernenden selbst.

8. *Kontextorientierung* bedeutet, daß Denk- und Lernstrategien, Metakognition sowie prozedurales Lernen keine getrennten Instanzen sind, sondern sie sollten im Unterricht vereint werden.

9. Im Bereich der *Anwendungsorientierung* werden Fähigkeiten und Fertigkeiten in verschiedenen Situationen angewendet und automatisiert, so daß ein Transfer der Fähigkeiten wahrscheinlich wird.

10. *Relevanz- Orientierung und Authentizität* beziehen sich als Charakteristika der Lehr-Lern-Kultur auf den Realitätsbezug der Lerninhalte. Sie dürfen nicht zu theoretisch und abgehoben sein, sondern sollen für den Lernenden eine Art Nützlichkeit aufweisen.

11. *Die Lehrperson ist als Lehrkraft* in Einstiegsphasen im Unterricht eher angebracht, um dem Lernenden eine Grundorientierung über die Thematik zu verschaffen. Sie sollte sich im Laufe des Unterrichtsgeschehens jedoch immer mehr zurücknehmen, das heißt, die Lernenden müssen den Lernprozeß selbst steuern, sich eigenständig mit den Inhalten auseinandersetzen, und die Lehrperson fungiert dann nur noch als unterstützender *Lernberater* in Problemsituationen.

Aus den elf Merkmalen einer Lehr-Lern-Kultur kann gefolgert werden, daß Dubs' Hauptaugenmerk auf dem Vermittlungsaspekt von überdauernden Fähigkeiten als Schlüsselqualifikationen liegt, er damit in der dritten Gruppe der Beiträge zur Schlüsselqualifikationsdebatte progressive didaktische Fragen anspricht, aber Forderungen und eigene Überlegungen hinsichtlich einer theoretischen und empirischen Fundierung von Schlüsselqualifikationen ausbleiben. Bereits in früheren Publikationen, z.B. 1995, beschäftigt er sich vordergründig mit Problemen der Entwicklung von geeigneten Unterrichtskonzeptionen und der Auswahl des Wissens zur Vermittlung von Schlüsselqualifikationen, der Umsetzbarkeit von Schlüsselqualifikationen in die Praxis und deren Transfer auf neue Situationen.

5.5 Resümee: Bewertung der Schlüsselqualifikationsdebatte

Eine Gegenüberstellung und ein Vergleich der hier für die Schlüsselqualifikationsdebatte exemplarischen Beiträge ergibt eine von den Wissenschaftlern durchaus unzureichende Betrachtung von Schlüsselqualifikationen, denn es werden erstens von ihnen die sich innerhalb der Gesellschaft abzeichnenden Rahmenbedingungen, welche in Zusammenhang mit den Veränderungen in der beruflichen Bildung stehen und sie beeinflussen, zu wenig thematisiert, obwohl dies vordergründig passieren müßte, da ja in der Berufsbildung Schlüsselqualifikationen vermittelt werden sollen. Zweitens werden Schlüsselqualifikationen im Gegensatz zu Fachqualifikationen als eigenständige Fähigkeiten und Fertigkeiten angesehen, bei deren Vermittlung es eigens dafür entwickelter Konzeptionen bedarf. Es wird durchaus befürchtet, daß mit der Bedeutung, die Schlüsselqualifikationen heute im Arbeitsbereich beigemessen wird, eine Entwertung des Fachwissens einhergeht (vgl. Reetz, 1999, S. 32f).

Der erstgenannte Punkt zielt darauf ab, daß das Schlüsselqualifikationskonzept die arbeitsorganisatorischen und technologischen Innovationen und die sich daraus ergebenden Probleme im Arbeitsalltag häufig auf ein Qualifizierungsdefizit der Beschäftigten zurückführt. Dabei geht es um einen weitaus vielschichtigeren Sachverhalt. Inwieweit die Qualifikationen von Mitarbeitern in ihrem Arbeitsvollzug zum tragen kommen können, hängt wesentlich von der Organisationsstruktur des jeweiligen Unternehmens ab, was bedeutet, daß im Schlüsselqualifikationskonzept der Blick auf die betrieblichen Rahmenbedingungen und Strukturen, die womöglich das Inkrafttreten überfachlicher Qualifikationen behindern, unzureichend gelenkt wird.

Der zweite Punkt kritisiert die Position, Schlüsselqualifikationen als gesonderte Fähigkeiten und Fertigkeiten zu betrachten. Das hat zur Folge, daß in einigen Beiträgen einzelne psychologische Theorien zum Zweck der theoretischen Fundierung von Schlüsselqualifikationen angeführt werden, z.B. die Motivationspsychologie bei Zabeck, die jedoch selbst in der Psychologie weitestgehend lose nebeneinander existieren und eine Integration der Erkenntnisse aus ihren Teilbereichen bisher nicht vollends erfolgte. Da auch das Schlüsselqualifikationskonzept eine Unterscheidung in Fähigkeitsbereiche vornimmt, meist wird die Einteilung in methodische, soziale und individuelle Kompetenzen angesprochen, unterstützt es die Trennung von Lernen, Denken, Handeln und Motivation in einzelne Theoriebereiche, was aber einer ganzheitlichen Erfassung des Menschen entgegenwirkt. Bezüglich der Vermittlung von Schlüsselqualifikationen in Ausbildungssituationen werden die Kompetenzbereiche dann jedoch wieder als ineinandergreifende Größen betrachtet.

Dem Konzept der Schlüsselqualifikationen fehlt es an empirischer Fundierung. Die Vorstellung einer berufsübergreifenden Qualifikation ist zum Scheitern verurteilt, wenn ihr theoretischer Ansatz praxis- und berufsfern gestaltet ist. Beiträge zur Schlüsselqualifikationsdebatte, in denen psychologische Theorien auf die Schlüsselqualifikationsthematik passend zugeschnitten werden, verfolgen die Sichtweise, man könne mit Hilfe daraus entwickelter Interventionen für den Bildungsbereich, z.B. durch die Formulierung geeigneter Lernziele und deren didaktischer Umsetzung, die Lernenden dazu befähigen, später im Berufsleben jeglichen Anforderungen gerecht zu werden. Eine in Bezug auf Schlüsselqualifikationen oft angeführte Theorie ist die Handlungstheorie, ohne allerdings den Handlungsbegriff näher zu beleuchten. Bei ihm geht es darum, daß das Individuum zu den jeweils vorherrschenden materiellen und sozialen Umständen in einer Situation sowie gleichermaßen zu den eigenen individuellen Voraussetzungen angemessenes Verhalten zeigt.

Unter den präsentierten Beiträgen zur Schlüsselqualifikationsdebatte sind die von Reetz, Lauer-Ernst und Dubs positiv zu bewerten, denn sie betonen einerseits Veränderungen im Arbeitsalltag und die daraus resultierenden Anforderungen für die Beschäftigten und andererseits formulieren sie den Anspruch, Theorien als Basis für neue Konzepte der beruflichen Bildung einzubeziehen, die das Individuum als ganzheitliches Wesen begreifen. Zu kritisieren ist auch bei diesen Autorinnen und Autoren, daß sie trotz des progressiven Gedankenguts innerhalb der Schlüsselqualifikationsdebatte die gesellschaftlichen Voraussetzungen, in die Berufsbildung eingebettet ist, außer acht lassen und nicht sehen, daß auch sie sich infolge neuer Technologien und Produktionskonzepte ändern und somit Rahmenbedingungen für Veränderungen in der beruflichen Bildung schaffen, wobei in diesem Zusammenhang Aspekte möglicher Entwicklungshindernisse in der Gesellschaft und in der Berufsbildung noch intensiver zum Thema gemacht werden sollten.

Es läßt sich resümieren, das Schlüsselqualifikationskonzept versucht, den technischen und arbeitsorganisatorischen Veränderungen und den mit ihnen einhergehenden Problemen und Anforderungen im Bereich der beruflichen Bildung zu begegnen. Ausgehend vom "Startschuß", den D. Mertens 1974 gab, kam es über die Jahre in der Wissenschaft zu einer Aufspaltung der Schlüsselqualifikationsthematik in zwei große Teilbereiche: Die Beschäftigung mit der Vermittlung von Schlüsselqualifikationen anhand geeigneter Methoden und der theoretischen Einbettung von Schlüsselqualifikationen. Ohne verläßliche empirische Ergebnisse vorliegen zu haben, hat sich der Schlüsselqualifikationsbegriff als Schlagwort in der öffentlichen Diskussion schnell verbreitet. Schlüsselqualifikationen werden als Instrumente betrachtet, den Erwerbstätigen möglichst permanente Beschäftigungsfähigkeit zu sichern. Die unterschiedlichen Veröffentlichungen zu Schlüsselqualifikationen zeigen aber, daß sie keine einfach zu schluckende Wunderdroge sind, sondern ein Phänomen darstellen, welches genauer wissenschaftlicher Untersuchungen bedarf und wohl auch in Zukunft für ausreichend Zündstoff sorgen wird - die Schlüsselqualifikationsdebatte ist also noch keineswegs abgeschlossen, sondern sie wird weitergehen. Einen in Anbetracht der Gegenwartsbedeutung von Schlüsselqualifikationen und des in Büchern, Aufsätzen und Symposien mehrere Jahre andauernden wissenschaftlichen Diskurses nahezu resignativen Aspekt - oder zumindest eine nach wie vor offene Frage - gibt so knapp wie präzise das Resümee von S. Kraft (1999, S. 454) wieder: "Ungeklärt sind aber noch viele Fragen nach (...) der angestrebten und intendierten Transferleistung" von Schlüsselqualifikationen. "Hierzu müßten systematische Ergebnisse aus der psychologisch-pädagogischen Lehr-Lern-Forschung, der Lerntransferforschung und der Kognitionspsychologie befragt und interpretiert werden." Eigene Vorüberlegungen und Ansatzpunkte zu einer systematisch-theoretischen Erforschung von Schlüsselqualifikationen werden im nächsten Kapitel präsentiert.

6 ENTWURF EINES SCHLÜSSELQUALIFIKATIONSMODELLS

6.1 Einführung: Vielfalt vs. Differenzierung von Schlüsselqualifikationen

Wie aus dem vorangegangenen Kapitel und der darin enthaltenen Präsentation von Argumentationslinien einiger ausgewählter Wissenschaftler zur Schlüsselqualifikationsthematik deutlich wurde, sind die fehlende empirisch-psychologische Fundierung des Schlüsselqualifikationsansatzes und sein daraus resultierender Mangel an theoretischer Einbindung die eklatantesten Kritikpunkte, mit dem das Schlüsselqualifikationskonzept konfrontiert wird. Eine derartige Fundierung ist dann problematisch, wenn im Zuge der Zeit immer mehr Fähigkeiten und Fertigkeiten den Anspruch der bereichsübergreifenden Qualifikationen erfüllen und somit als Schlüsselqualifikationen betrachtet werden. Ausgehend von den Schlüsselqualifikationen, die D. Mertens 1974 vorstellte, bis zu dem im Jahre 1990 in Hamburg abgehaltenen Symposium über Schlüsselqualifikationen, wurde der Katalog der als Schlüsselqualifikationen geltenden Fähigkeiten und Fertigkeiten zu einer mittlerweile kaum noch überschaubaren Vielfalt ausgedehnt, was für ein umfassendes Verständnis des Schlüsselqualifikationsansatzes hinderlich ist (vgl. Reetz/Reitmann, 1990). So wurden u.a. den von Mertens 1974 genannten Schlüsselqualifikationen - z.B. die Planungsfähigkeit und die Fähigkeit zum Wechsel sozialer Rollen (vgl. Mertens, 1974, S. 40) - weitere Begriffe wie Kreativität und Teamgeist zugefügt, die heutzutage besonders in Bereichen der Arbeits- und Unternehmensorganisation populär sind.

Um eine Systematisierung der unterschiedlichen Fähigkeiten und Fertigkeiten bemühen sich die von L. Reetz und T. Reitmann (1990) herausgegebenen Beiträge anläßlich des schon erwähnten Hamburger Symposiums. Hierbei werden aus den einzelnen Veröffentlichungen die diversen Fähigkeiten und Fertigkeiten im Sinne von Schlüsselqualifikationen in vier Gruppen gegliedert (vgl. Reetz/Reitmann, 1990; eine klare Übersicht findet sich auch in Schelten, 1994, S. 275). Diese vier Gruppen können folgendermaßen dargestellt werden:

Abb. 1: Vier Gruppen von Schlüsselqualifikationen

Schlüsselqualifikationen = übergreifende Qualifikationen mit hoher Reichweite			
Gruppe 1: materiale Kenntnisse und Fertigkeiten	Gruppe 2: formale Fähigkeiten im kognitiven und psychomotorischen Bereich	Gruppe 3: personale Fähigkeiten	Gruppe 4: soziale Fähigkeiten
berufspraktische Kenntnisse und Fertigkeiten großer Breitenwirkung (z.B. Planen und Steuern von Arbeits- und Bewegungsabläufen sowie Kontrollieren und Beurteilen der Ergebnisse, Anwenden und Erstellen von technischen Unterlagen ...) *allgemeinbildende Kenntnisse und Fertigkeiten berufsübergreifender Art* (z.B. Kulturtechniken, Fremdsprachenkenntnisse...)	*kognitiver Bereich* (selbständige Lern- und Denkfähigkeit: z.B. analytisches und synthetisches Denken, Kreativität und Problemlösefähigkeit ...) *psychomotorischer Bereich* (allgemeine berufsmotorische Befähigung: z.B. Koordinationsfähigkeit, Konzentrationsfähigkeit, Geschicklichkeit ...)	*Befähigung in Arbeitstugenden* (z.B. Genauigkeit, Gewissenhaftigkeit ...) *Befähigung mit einzelpersönlicher Betonung* (z.B. Kritikfähigkeit, Leistungsbereitschaft, Selbständigkeit ...) *Befähigung mit sittlicher Betonung* (z.B. Handeln nach moralischen Leitlinien und Normen, ökologisches Verantwortungsbewußtsein)	*Befähigung zum gruppenorientierten Verhalten* (z.B. Teamgeist, Kommunikationsfähigkeit, Kooperationsfähigkeit ...)

(Quelle: Schelten, 1994, S. 275 [Auszug])

Versucht man die Begriffe "materiale Kenntnisse und Fertigkeiten"[13] in der ersten Gruppe der Schlüsselqualifikationen mit Hilfe eines pädagogischen Fachwörterbuches zu verstehen, konzentrieren sich die dortigen Angaben auf die Frage, welcher bestimmte Inhalt aus der Fülle des Wissens ausgewählt werden soll und für den Lernenden von Bedeutung ist (vgl. Schaub/Zenke, 1999, S. 237). Dies stiftet jedoch Verwirrungen, da sich Qualifikationen als Schlüsselqualifikationen nicht auf *einen* festgelegten Inhalt beziehen, sondern das Ziel, Qualifikationen mit hoher Reichweite zu sein, erfüllen sollen. In der ersten Gruppe sind aber solche konkreten Fähigkeiten und Fertigkeiten integriert, die zwar an spezifischen beruflichen Inhalten erworben werden, allerdings in ihrer Funktion über das Berufsfeld hinausgehen und flexibel auf inhaltlich ähnliche Gebiete übertragbar sind und somit eine große Wirkung in der Breite zeigen.

Formale kognitive Schlüsselqualifikationen sind Fähigkeiten und Fertigkeiten, die sich an Wahrnehmungs- und Denkprozessen orientieren, Menschen helfen, ihre Wahrnehmungsinhalte zu interpretieren und zu verarbeiten und dazu beitragen, daß sie in der Lage sind, zu lernen, Sachverhalte zu verstehen, Kritik an ihnen zu üben und Probleme zu lösen sowie das Denken und die repräsentierten Inhalte effizient zu verbinden. Hinzutretende Schlüsselqualifikationen des psychomotorischen Bereichs sind Fähigkeiten, die zuvorderst auf motorischen Gesichtspunkten des mentalen Geschehens beruhen und steuern, wie schnell und intensiv ein Individuum im Stande ist, sich zu konzentrieren, zu reagieren und welches Potential an Ausdauer es hat.

Personale Fähigkeiten als Schlüsselqualifikationen fallen in den affektiven Bereich. Es geht hierbei um die gefühlsmäßige Verarbeitung eines Sachverhaltes und den Aufbau eines Bewußtseins gegenüber diesem Sachverhalt beim Individuum selbst.

Die vierte Gruppe der sozialen Qualifikationen, die Fähigkeiten, sich mit anderen auszutauschen und zusammenarbeiten zu können, sind nach Alter, Herkunft und Sozialisation unterschiedlich beim Menschen ausgeprägt (vgl. Schelten, 1994, S. 146ff).

---

13) An dieser Stelle kann ebenso auf die Aspekte der formalen vs. materialen Bildungstheorie, präsentiert in Kap. 2 unter dem Gliederungspunkt 2.2.2.1 "Relationen zwischen dem Bildungsbegriff bei W. Klafki und Schlüsselqualifikationen, verwiesen werden.

Ein weiterer Aspekt, der hinsichtlich der psychologisch-theoretischen Fundierung von Schlüsselqualifikationen thematisiert werden muß ist, daß die in den vier Gruppen demonstrierten Fähigkeiten und Fertigkeiten schon eigene, teilweise empirisch belegte, theoretische Begründungen innerhalb der Psychologie aufweisen. Prominente Beispiele dafür sind einzelne Problemlösestrategien, wie das Problemlösen durch Umstrukturieren (vgl. Dunker, 1974 und Oerter, 1971, S. 151f), durch Anwenden von Strategien (vgl. Klix/Rautenstrauch-Goede, 1967) und durch Systemdenken (vgl. Dörner, 1983), welche die Schlüsselqualifikation "Problemlösefähigkeit" näher untersuchen oder Aspekte der kreativen Problembewältigung, beispielsweise das kreative Denken (vgl. Weinert, 1991, S. 33f), die die Schlüsselqualifikation "Kreativität" beleuchten.

Aufgrund der existierenden Vielfalt an Schlüsselqualifikationen und ihren z.T. eigenen theoretischen Fundierungen, ist es zunächst sinnvoller und für eine theoretische Entwicklung von Schlüsselqualifikationen konstruktiver, Randbedingungen zu formulieren, die vorherrschen müssen, damit Individuen Schlüsselqualifikationen erwerben und erfolgreich im Alltag einsetzen können. Diese Randbedingungen sind in einem vom Verfasser entwickelten Basismodell von Schlüsselqualifikationen enthalten.

6.2 Das Basismodell von Schlüsselqualifikationen

Das Basismodell besteht aus drei Komponenten: Der Person, dem Umfeld und den Schlüsselqualifikationen, gegliedert in die unter 6.1 vorgestellten vier Gruppen. Dabei bilden die Personenkomponente, Personen werden hier als Individuen betrachtet, die Schlüsselqualifikationen erwerben und deren Träger sie sind und die Komponente des Umfelds, verstanden als Bedingungen, die in der Umgebung eines Individuums existieren, die unabhängigen Variablen, welche Schlüsselqualifikationen ermöglichen, für sie förderlich sind oder auch nicht. Schlüsselqualifikationen stellen demzufolge die abhängige Variable dar.

Die beiden Komponenten "Person" und "Umfeld" enthalten wesentliche Faktoren im Sinne von Randbedingungen, von denen es abhängt und die die Voraussetzung bilden, ob ein Individuum Schlüsselqualifikationen erwerben und erfolgreich einsetzen kann, um unvorhergesehene Problemlagen angemessen und effektiv bewältigen zu können. Jene Randbedingungen sind hier keine Resultate empirisch-statistischer Datenerhebungen, sondern ergeben sich aus der Analyse der schon präsentierten Publikationen, in denen sich Wissenschaftler mit dem Schlüsselqualifikationskonzept auseinandersetzen. Dabei geht Reetz (1989, 1990) in seinen Texten besonders auf die Persönlichkeitsdimension ein, hingegen heben Wittwer (1989), Geißler (1989), Simoleit (1991), um nur einige zu nennen, die veränderten Anforderungen der beruflichen Realität, also die Umfeldkomponente, hervor und thematisieren die in ihr stattfindende Bewältigung berufstypischer Probleme mit Hilfe von Schlüsselqualifikationen.

Bezogen auf die *Personenkomponente* sind Randbedingungen von Schlüsselqualifika-tionen z.b. die Motivation, das ist die innere Bereitschaft, sich mit Neuem auseinanderzusetz-en und neue Fähigkeiten zu erwerben. Dieser Aspekt kommt u.a. auch bei Zabeck (1989) zum tragen. Die bereits in der Person vorhandenen sozialen Kompetenzen meinen z.b. die Fähigkeit der Kooperation und Kommunikation mit anderen Menschen, das Fachwissen betont erworbene fachliche Kenntnisse. Das Interesse ist die gesteigerte Anteilnahme an Sachverhalten/Problemsituationen, ihre Ursache, Wirkung und Zusammenhänge zu erkunden. Die emotionale Befindlichkeit und die Einstellungen einer Person sind im Vorfeld eingenommene Standpunkte und aktuelle emotionale Zustände sowie das Selbstkonzept als Randbedingung ist definiert als das Bild eines Menschen über sich selbst.

Bezogen auf das *Umfeld* eines Individuums sind mögliche Randbedingungen von Schlüsselqualifikationen die Institutionen (Berufs-)Schule und Betrieb und die in ihnen vorherrschenden Freiräume/Gelegenheiten oder Barrieren. Dabei geht es um die für Schlüsselqualifikationen mehr oder weniger förderliche Betriebskultur und Formen des Unterrichts. Formen der Partizipation für Mitarbeiter, z.B. in Diskussionsgruppen und Qualitätszirkeln und Formen des offenen handlungsorientierten Unterrichts in Schulen, z.B. Projektunterricht, sind Möglichkeiten Schlüsselqualifikationen zu entwickeln. Die Interaktionen als Randbedingung betrachten die zwischenmenschlichen Beziehungen zwischen Mitarbeitern und der Betriebsleitung, den Mitarbeitern untereinander, aber auch zwischen den Auszubildenden und den Lehrern sowie den Auszubildenden untereinander. Des weiteren sind die schulischen und betrieblichen Leistungsanforderungen Randbedingungen von Schlüsselqualifikationen, die der Umfeldkomponente zuzuordnen sind. Damit sind Aufgaben von schulischer und betrieblicher Seite aus gemeint, die das Individuum zu erfüllen hat.

Als Schema können diese Aspekte in einem Basismodell der Schlüsselqualifikationen zusammengefaßt folgendermaßen dargestellt werden:

Abb. 2: Das Basismodell der Schlüsselqualifikationen

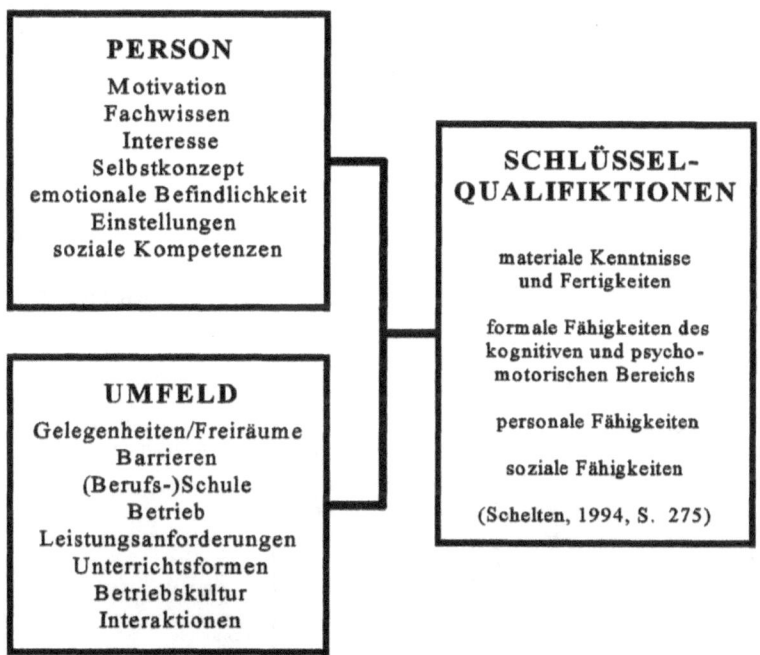

Die Randbedingungen in der Personen- und Umfeldkomponente wirken in dem präsentierten Basismodell und in der Beschreibung der Komponenten zunächst unabhängig voneinander. Dennoch würden Reduktionen dann vorliegen, wenn Schlüsselqualifikationen z.B. ausschließlich von den externen Leistungsanforderungen, integriert in der Komponente des Umfeldes, abhängig gemacht werden. Ausgegangen wird hier jedoch von einem multifaktoriellen Bedingungsmodell der Schlüsselqualifikationen. Danach sind Schlüsselqualifikationen bedingt durch ein Wechselspiel zwischen Merkmalen der Person und des Umfeldes. Aus Gründen der möglichen Beeinträchtigung des Überblicks wurde in *Abbildung 2* verzichtet, diese Verflechtung zwischen Person- und Umfeldkomponente aufzuzeigen, die nun in *Abbildung 3* berücksichtigt wird. Somit stellt *Abbildung 3* das erweiterte Basismodell der Schlüsselqualifikationen dar.

Abb 3: Das erweiterte Basismodell der Schlüsselqualifikationen

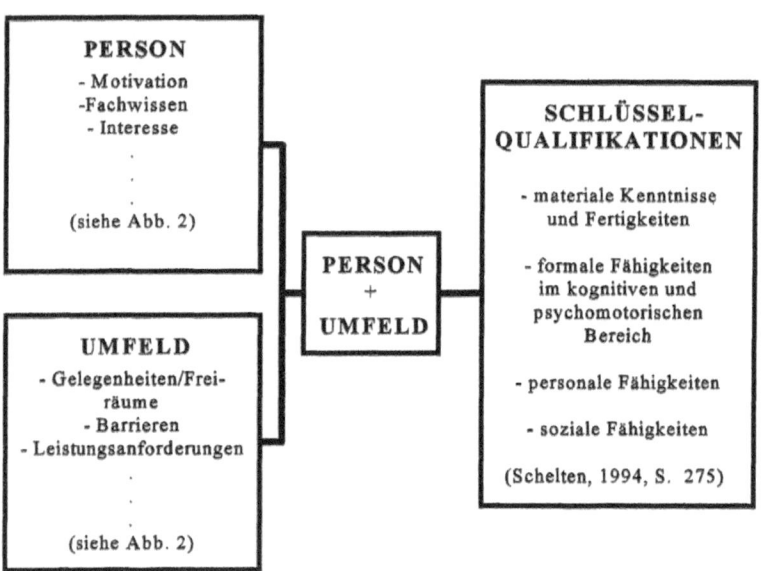

Eine empirische Analyse von Schlüsselqualifikationen könnte, mit der Untersetzung geeigneter Forschungsmethoden, von diesem Basismodell ihren Ausgang nehmen. Es bietet die Projektionsfläche für die Formulierung von Hypothesen, die empirisch überprüfbar sind, nachdem man ihre Je- und Desto-Komponente genauer definiert, um eine gute Theorie mit hohem Informationsgehalt als Resultat zu erhalten (vgl. Opp, 1995, S. 210ff). Eine solche Hypothese wäre z.B. folgendermaßen denkbar: Je höher die Motivation, je größer das Interesse eines Individuums, sich neuen Problemlagen zu widmen und sie zu durchdenken und je mehr Fachkenntnisse vorliegen sowie je weniger Barrieren von Seiten des Betriebes oder der Schule vorhanden sind, desto wahrscheinlicher ist es, daß das Individuum extrafunktionale, übergreifende Qualifikationen (Schlüsselqualifikationen) aufweist.

Um eine präzise empirisch-theoretische Erforschung des Schlüsselqualifikationskonzepts zu realisieren, müßte objektiv definiert werden, welche Bedingungen und Situationen Barrieren oder Gelegenheiten für Schlüsselqualifikationen darstellen. Eine subjektiv orientierte Perspektive würde fälschlicherweise hierbei dazu führen, daß bestimmte Bedingungen für den einen Menschen Barrieren sind, die ein anderer für sich noch nicht als solche ansieht.

Nachdem gezeigt werden konnte, daß Schlüsselqualifikationen von einem transaktionalen Zusammenwirken zwischen Person und Umfeld bedingt werden, wird im folgenden Abschnitt der Versuch unternommen, ausführlicher auf die Ebenen, die Schlüsselqualifikationen beeinflussen, einzugehen, der als weiterer Beitrag einer theoretischen Fundierung von Schlüsselqualifikationen verstanden werden soll.

6.3 Das Ebenenmodell der Schlüsselqualifikationen

Das Ebenenmodell, in dem Schlüsselqualifikationen als Fähigkeiten und Fertigkeiten zur Bewältigung unvorhergesehener Problemlagen im Arbeitsleben betrachtet werden, versucht die bereits im Basismodell hervorgehobenen Komponenten "Person" und "Umfeld" mit den zwei weiteren für den Arbeitsalltag wichtigen Komponenten "Problem" und "Ziel" zu verbinden. Die nun existierenden vier Komponenten werden zwei Ebenen zugeordnet.

Das Ebenenmodell, das demzufolge nicht getrennt vom Basismodell im Raum steht, besteht aus einer vertikalen und einer horizontalen Ebene, wobei jeder Ebene je zwei der vier Komponenten zugeordnet werden: Auf der vertikalen Ebene sind die zwei neuen Komponenten "Problem" und "Ziel" und auf der horizontalen die schon aus dem Basismodell bekannten Komponenten "Person" und "Umfeld" angesiedelt. Bei der Bearbeitung eines nicht vorher einkalkulierten, aber dennoch eingetretenen Problemzustandes mit Hilfe von Schlüsselqualifikationen wirken die zwei Ebenen und die darin enthaltenen Komponenten zusammen.

Auf der vertikalen Ebene ist die Komponente *"Problem"* durch drei Merkmale gekennzeichnet: Erstens, einen unerwünschten Anfangszustand, zweitens, einen erwünschten Zielzustand und zum dritten, einer Barriere, welche die Transformation des Anfangs- in den Zielzustand momentan verhindert. Duncker (1974, S. 1ff) klassifiziert die Problemlösung als eine Form planvollen Handelns und allgemeiner als einen Prozeß, in dem sich eine Person um die Erreichung eines bestimmten, gestellten Zielzustandes bemüht, allerdings nicht genau weiß, wie sie ihn erreichen kann. Fällt der Begriff des Problems, muß dieser präzise vom Begriff der Aufgabe getrennt werden, denn bei der Bewältigung einer Aufgabe verfügt die Person über Kenntnisse und konkrete Mittel bzw. Operatoren zur Lösung der Aufgabe. Was sich für die eine Person hingegen als Aufgabe darstellt, da sie über die entsprechenden Methoden und Operatoren verfügt, sie zu meistern, könnte für eine andere ein Problem sein, da sie offenbar auf derartige Mittel und Operatoren nicht zurückgreifen kann. Folglich hängt es von den individuellen Vorerfahrungen, u.a. z. B. von erworbenem Fachwissen ab, ob eine Situation und das Zurechtkommen mit ihr ein Problem oder eine Aufgabe ist (vgl. Lüer/Spada, 1992, S. 256 ff).

Die Frage, die sich nun ergibt ist, welche Situationen Schlüsselqualifikationen erfordern und in welchen der alleinige Einsatz von fachlichen Qualifikationen ausreichend erscheint. Dabei sind fachliche Qualifikationen zur Lösung von Komplikationen vor allem dort angebracht, wenn die jeweilige Situation eine klare

Struktur besitzt sowie weniger komplex in Erscheinung tritt (vgl. Kell, 1995, S. 381; Pätzold, 1995) und man weiß, welche Methoden und Operatoren zur Lösung von Schwierigkeiten in der Situation führen, es sich also eher um eine Aufgabe handelt. Schlüsselqualifikationen, die fachliche, soziale wie auch personale Qualifikationen beinhalten, sind dann notwendig, wenn sich Situationen wenig strukturiert, kompliziert und komplex darstellen (vgl. Gonon, 1999) und die handelnde Person über keine Mittel verfügt, die anstehende Angelegenheit zu bewältigen. Hierbei kann von Problemsituationen gesprochen werden. Es sei an dieser Stelle nochmals darauf hingewiesen, daß Schlüsselqualifikationen nicht "vom Himmel fallen", sondern nur an konkreten fachlichen Inhalten gefördert werden können, zu deren Verständnis Fachwissen gebraucht wird. Ihre Wirkung erstreckt sich jedoch bereichsübergreifend.

Das *Ziel*, die zweite Komponente der vertikalen Ebene, ist der erwünschte Endzustand, die Lösung eines Problemzustandes. Problemsituationen stellen hier meist die Einführung technischer Neuheiten und der flexible Einsatz von Mitarbeitern an unterschiedlichen Arbeitsplätzen im Unternehmen dar. Bezüglich des erwünschten Endzustandes (Ziel) geht es um ein Klarkommen des Mitarbeiters mit diesen technischen Neuheiten und den veränderten Anforderungen am Arbeitsplatz, wobei die Verfügung über Schlüsselqualifikationen dieses Klarkommen deutlich erleichtern sollen und deshalb in der beruflichen Bildung Wert auf ihre Vermittlung gelegt wird.

Auf der horizontalen Ebene, aus den Komponenten *"Person"* und *"Umfeld"* bestehend, stehen Aspekte der Persönlichkeits- und Umweltmerkmale im Mittelpunkt, die den Problemlöseprozeß beeinflussen. Im Basismodell wurden die wesentlichen Charakteristika der Personen- und Umfeldkomponente im Sinne von Randbedingungen von Schlüsselqualifika-tionen bereits vorgestellt; im Rahmen des Ebenenmodells soll es vorrangig noch einmal etwas genauer um die Motivation, Einstellungen und emotionalen Befindlichkeiten in der Personenkomponente gehen. Motivation bedeutet, daß Personen neuen Situationen offen und nicht ängstlich gegenübertreten, ihre Bedingungen und möglicherweise konfliktträchtigen Argumente kritisch prüfen und aktiv verarbeiten sollten, um zunächst eine eigene optimale Position zu ihnen zu finden. Motivation beinhaltet in Bezug auf die Lösung von Problemlagen ein angemessenes Neugierverhalten für derartige Probleme und die Bereitschaft, eine schwer durchschaubare situative Komplexität zu ertragen sowie an ihrer Bewältigung unermüdlich interessiert zu sein. Eine große Beanspruchung emotionaler Befindlichkeiten ist in solchen Prozessen selbstverständlich, deshalb ist es umso wichtiger, Emotionen zuzulassen und auszudrücken. Früher erworbene Einstellungen wirken in Problemlösungsprozessen häufig als Blockade und können Schlüsselqualifikationen verhindern, indem alte Gewohnheiten und persönliche Werthaltungen und Bedürfnisse stark verteidigt werden.

Die Umfeldkomponente auf der horizontalen Ebene bezieht sich vor allem auf die Bedingungen im Arbeitsumfeld, konkret auch die Gestaltung des Arbeitsplatzes. Dabei ist es einerseits wichtig, für den Arbeitnehmer Arbeitsatmosphären zu schaffen, in denen Schlüsselqualifikationen, z. B. Kreativität, möglich werden. Unflexible Arbeitszeiten sind dafür eher hinderlich, denn Menschen, die sich tiefgründig mit Problemen befassen, werden sich auch außerhalb geregelter Arbeitszeiten mit ihnen beschäftigen. Andererseits sind Mitarbeiter, die Schlüsselqualifikationen aufweisen, meist unbequeme Kollegen für andere Mitarbeiter und teilweise die Führungsetage, da sie schwer zu leiten sind, viel kommunizieren und gewagte, kreative Gedanken entwickeln. Gewährt man solchen Personen die Möglichkeit, in Arbeitsgemeinschaften tätig zu sein, in welchen der Spielraum der Denkoptionen groß ist und durch Kommunikation, einer sehr wesentlichen Schlüsselqualifikation, Ideen ausgetauscht werden können, bildet dies ein für Schlüsselqualifikationen förderliches Arbeitsumfeld.

Schematisch kann das Ebenenmodell in Form einer Kreuzstruktur dargestellt werden. Die Kreuzstruktur erachte ich deshalb als vorteilhaft, um schematisch zu zeigen, wie sowohl Aspekte der vertikalen als auch horizontalen Ebene Schlüsselqualifikationen beeinflussen und daß sie im zentralen Schnitt- bzw. Kreuzungspunkt dieser Ebenen ihre Bedeutung entfalten.

Abb. 4: Das Ebenenmodell der Schlüsselqualifikationen

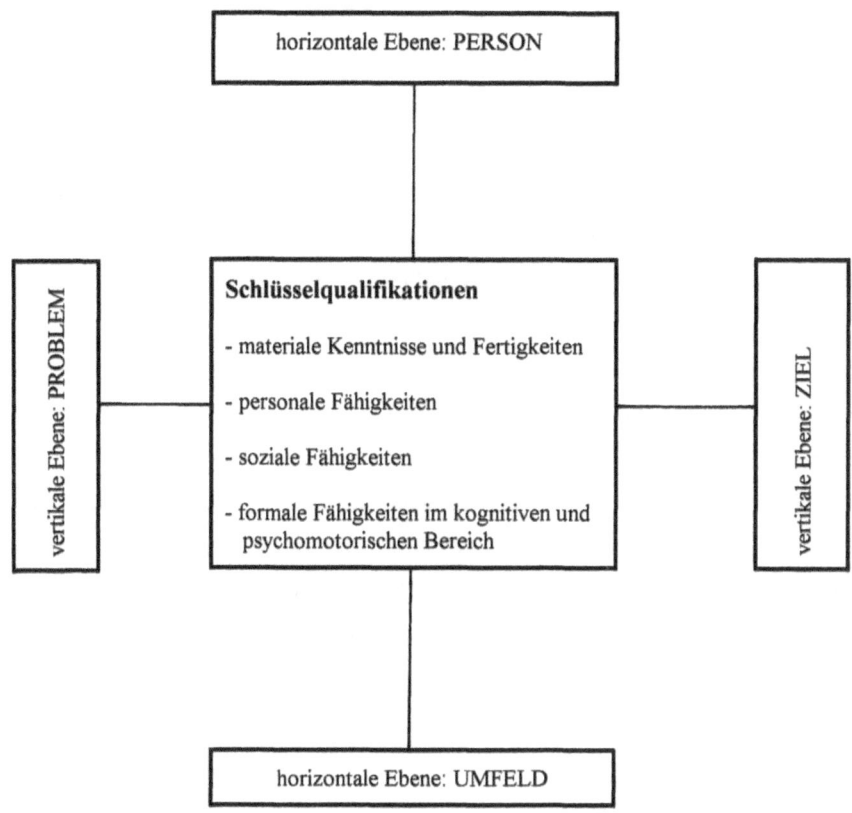

6.4 Resümee: Die Bewertung des Systematisierungsversuches in Modellen als Beitrag einer theoretischen Fundierung von Schlüsselqualifikationen

Ausgangspunkt der folgenden Bewertung der Modelle bildet die Überzeugung, daß das Ziel einer Wissenschaftsdisziplin darin besteht, mit Hilfe von Theorien eine Erklärung über die Existenz eines bestimmten Phänomens zu erreichen und deren Ursachen zu ergründen. Für die Berufspädagogik speziell bedeutet dies auch der Frage nachzugehen, welche Randbedingungen und Variablen Schlüsselqualifikationen ermöglichen und beeinflussen. Aus der modellhaften theoretischen Systematisierung der Fakten des Schlüsselqualifikationskonzeptes sollte zweierlei deutlich werden:

1. Sowohl das Basismodell als auch das Ebenenmodell der Schlüsselqualifikationen stellen eine lohnende Alternative zu den bisher vorgestellten Erklärungsversuchen des Phänomens der Schlüsselqualifikationen dar, von denen z.b. ebenso der von L. Reetz entwickelte Ansatz als Persönlichkeitstheorie eine Variante ist.

2. Der Aussagegehalt beider Modelle ist relativ groß, das heißt sie erlauben Bedingungen in Form von Hypothesen zu formulieren, unter denen Schlüsselqualifikationen auftreten.

Wichtig ist zu betonen, daß das Vorhandensein von Schlüsselqualifikationen als zu erklärendes Phänomen aus verschiedenen Annahmen, die personen- und umfeldbezogene Aspekte berücksichtigen, ableitbar ist. Es entsteht die Frage, ob alle Annahmen gleichzeitig zutreffen müssen, damit das jeweilige Phänomen eintritt oder ob es beispielweise ausreicht von Schlüsselqualifikationen zu sprechen, wenn lediglich hohe Motivation in der Personenkomponente und keine Barrieren in der Umfeldkomponente vorliegen. Daraus ergibt sich, zuungunsten der Erklärungskraft, die Kritik der Modelle, denen Beliebigkeit und Willkür nachgesagt wird, da in ihnen einerseits ein großes Potpourri an möglichen Hypothesen besteht, die zur Erklärung des Phänomens herangezogen werden können. Andererseits offerieren uns Modelle, besonders auch in der Soziologie und Psychologie, neue Einblicke in die Erklärung sozialer Tatbestände, denn sie können anhand der Modelle und den aus ihnen abgeleiteten Hypothesen empirisch bewiesen werden. "Daß Modelle oft fragwürdige Ergebnisse liefern, sagt nichts gegen die Unbrauchbarkeit der Vorgehensweise der Modellbildung. Man kann jedes Instrument mißbrauchen. So kann man mit einem Brotmesser auch Menschen umbringen. Trotzdem wird man das Brotmesser nicht als unnütze Technologie betrachten." (Opp, 1995, S. 94)

7 ZUSAMMENFASSUNG UND AUSBLICK

7.1 Zusammenfassung

Der Schlüsselqualifikationsbegriff wurde im Jahre 1974 von D. Mertens ins Leben gerufen. Seine Notwendigkeit resultiert aus der Annahme, daß in einer modernen Gesellschaft infolge des wachsenden Flexibilitätsanspruchs und des hohen technischen Entwicklungsstandes bestehendes Wissen schnell veraltet und die Prognose zukünftiger Qualifikationsanforderungen immer schwieriger wird. Ziel sollte es daher sein, die Konzentration auf langfristig verwertbare und in unterschiedlichen Situationen anwendbare Qualifikationen zu richten. Derartige Qualifikationen sind Schlüsselqualifikationen, die Mertens in vier Gruppen unterteilt: In Basis-, Horizontalqualifikationen, Breitenelemente und Vintage-Faktoren.

Es existiert inzwischen eine schier unüberschaubare Anzahl an Fähigkeiten und Fertigkeiten, die als Schlüsselqualifikationen betrachtet werden. Über Hintergründe dieser Pluralität lassen sich zwei elementare Feststellungen treffen: 1. Die vielfältigen Fähigkeiten und Fertigkeiten bezeichnen aktuelle Merkmale und Entwicklungstendenzen von geforderten Qualifikationen in der Arbeitswelt. 2. Das Potpourri an Schlüsselqualifikationen ist Ausdruck der Tatsache, daß wir im gegenwärtigen Zeitalter der Globalisierung in einer Gesellschaft leben, in der Veränderungen in den einzelnen Bereichen rasanter verlaufen denn jemals zuvor und um diesen Prozessen gerecht zu werden, immer wieder neue Berufsbilder im Entstehen sind, die entsprechender Qualifikationen bedürfen. Schlüsselqualifikationen fungieren dabei als Qualifikationspotentiale, die trotz der stattfindenden Veränderungen nicht wertlos werden.

Die Darstellung und Analyse der berufspädagogischen Kritik am Konzept der Schlüsselqualifikationen weist folgende Ergebnisse auf:

1. Wie kontrovers die Diskussionen über Schlüsselqualifikationen auch immer ausfallen, es besteht die einheitliche Meinung darüber, wie sie definiert werden. Es sind Fähigkeiten und Fertigkeiten, Kenntnisse und Verhaltensweisen, die für eine große

Anzahl von Aufgaben grundlegend sind und dazu befähigen, mit neuen Techniken und Organisationsformen leichter umgehen zu können. Schlüsselqualifikationen haben arbeitsplatzübergreifenden Charakter. Unterschiede gibt es hinsichtlich der Terminologie und aus diesem Grund werden Schlüsselqualifikationen oft auch als extrafunktionale, tätigkeitsunabhängige oder berufsübergreifende Qualifikationen bezeichnet.

2. Es herrschen in der Fachwelt weitestgehend einstimmige Auffassungen hinsichtlich der Aktualität von Schlüsselqualifikationen. Die rasche Etablierung neuer Technologie, Produktionskonzepte und Formen der Arbeitsorganisation bringen Veränderungen für die Beschäftigten mit sich. Um diese bewältigen zu können, werden von ihnen neben fachlichen in zunehmenden Maße außerfachliche Qualifikationen, nämlich Schlüsselqualifikationen, gefordert. Sie sollen während der Ausbildung vermittelt werden. Somit steht auch die Berufsbildung vor neuen Aufgaben und Herausforderungen, denn eine Vermittlung von Schlüsselqualifikationen impliziert, die Aufmerksamkeit im Bereich der Bildung mehr auf grundsätzliche und allgemeine statt auf allein spezielle Lerninhalte zu lenken.

3. Die gegensätzliche Auseinandersetzung mit Schlüsselqualifikationen wirft einen recht differenzierten Blick auf die Thematik. Die mit dem Konzept der Schlüsselqualifikationen behafteten Kritikpunkte kommen in der Schlüsselqualifikationsdebatte zum Ausdruck. Die mangelnde empirisch-psychologisch und mithin auch theoretische Fundierung von Schlüsselqualifikationen, ihre meist passive Adaption in die berufliche Bildung und die Tatsache, daß sie als erfolgsversprechende Qualifikationen die Illusion verbreiten, durch sie könnten sämtliche Probleme in der Arbeitswelt gelöst werden, sind Kardinalthemen dieser Kontroverse. Motivations- und handlungstheoretische (z.B. Zabeck) sowie persönlichkeits-orientierte Aspekte (z.B. Reetz) sollen zum einen dazu dienen, Schlüsselqualifikationen theoretisch zu stabilisieren. Zum anderen erweitern sie jedoch auch die Vielfältigkeit der Sichtweisen auf Schlüsselqualifikationen. Sind Schlüsselqualifikationen bei Mertens vorrangig kognitive Fähigkeiten, erkennt man in nachfolgenden Publikationen die Ergänzung dieser Fähigkeiten um soziale und personale Kompetenzen (z.B. Dubs), die ebenso innerhalb

der Bildungstheorie im ganzheitlichen Lernen präzisiert werden. Die einzelnen Qualifikationselemente werden dabei nicht unabhängig voneinander erworben, sondern greifen ineinander und kommen gemeinsam zur Anwendung. Schlüsselqualifikationen können nur anhand konkreter beruflicher Inhalte gefördert werden und sind an die Person, die sich im Lernprozeß befindet gebunden. Ein sich daran anschließender durchaus neuralgischer Punkt von Schlüsselqualifikationen, ist ihre Inhaltsleere, die beliebige Interpretationsspielräume zuläßt. Wir kennen nur die derzeitig aktuellen Inhalte und können nicht wissen, welche Inhalte zukünftig gefragt sein werden, an denen Schlüsselqualifikationen zu vermitteln sind. Im Gegensatz dazu - hierin liegt die Widersprüchlichkeit von Schlüsselqualifikationen - sollen diese aber zukunftsfähige Qualifikationen sein und zukünftige Probleme lösen helfen. Es sollte also am besten heutzutage schon bekannt sein, was morgen Schwierigkeiten bereiten könnte.

4. Eine offene Frage bleibt die nach dem Erfolg des angestrebten Transfers von Schlüsselqualifikationen auf unterschiedliche Situationen. Dazu müßten noch empirische Ergebnisse aus der Lerntransferforschung eingearbeitet werden.

5. Es existieren Übereinstimmungen zwischen dem Schlüsselqualifikationsbegriff und dem klassischen sowie dem modernen Bildungsbegriff. Bezugnehmend auf den klassischen Bildungsbegriff kann auf das Bildungsverständnis von Humboldt und Pestalozzi verwiesen werden. Sie heben die Notwendigkeit allgemeiner Bildung des Individuums hervor. Dies bedeutet, daß vor jeglicher beruflicher Ausbildung und Spezialisierung eine umfassende Allgemeinbildung erfolgen sollte. Durch allgemeine Bildung kann man berufliche Fähigkeiten leichter erwerben und ist in der Lage, sich später in neue Tätigkeitsbereiche einzuarbeiten. Selbständigkeit, Verantwortungsbewußtsein und Problemlösefähigkeit sind Schlüsselqualifika-tionen, die gleichermaßen Prinzipien der Allgemeinbildung sind und die Entfaltung der Persönlichkeit fördern - ein Anspruch, der auch im modernen Bildungsverständnis betont wird. Kritik kann hinsichtlich der Terminologie formuliert werden, denn es ist die Frage, ob übergreifende Fähigkeiten und Fertigkeiten unbedingt als Schlüsselqualifikationen bezeichnet werden müssen oder ob nicht selbst der Begriff der Allgemeinbildung schon

viele Aspekte des Bedeutungsspielraums des Schlüsselqualifikationsbegriffs abdeckt.

7.2 Ausblick: Schlüsselqualifikationen auf dem Weg ins 21. Jahrhundert: Perspektiven, Forderungen und Desiderata

Soll bezüglich der Schlüsselqualifikationsthematik ein Ausblick in Form einer Zukunftsper-spektive formuliert werden, dann ist es nur möglich, wahrscheinliche Entwicklungstrends aufzuzeigen. Ob diese Entwicklungen später jedoch in der Realität eintreten, ist nicht sicher, da niemand in die Zukunft schauen kann .

Ausgehend von der Feststellung einer "Konvergenz von Allgemeinbildung und Berufs-bildung und die Erosion einer nur fachlichen Berufsbildung" (Arnold/Lipsmeier, 1995, S. 17) ist zum einen anzunehmen, daß auch in Zukunft die alleinige Konzentration auf rein spezielle, berufliche Ausbildungsinhalte, aufgrund der fortschreitenden technischen und arbeitsorganisa- torischen Entwicklungen, ungenügend ist und somit allgemeinen Fähigkeiten und Fertigkeiten, so wie sie der Schlüsselqualifikationsansatz artikuliert, größere Wichtigkeit beigemessen wird. Die Bedeutung von Schlüsselqualifikationen wird also dementsprechend wachsen, auch hinsichtlich der Tatsache, daß Menschen nicht ein ganzes Leben lang an ein und demselben Arbeitsplatz tätig sind. Hier wird die Forderung nach Schlüsselqualifikationen wie Flexibilität und Mobilität immer essentieller.

Eine Hervorhebung von Schlüsselqualifikationen im Bildungsbereich könnte eine Abwertung von fachlicher Qualifizierung zur Folge haben, da diese durch den technischen Wandel sehr schnell veraltet, Schlüsselqualifikationen hingegen nicht wertlos werden, sondern in verschiedenen Situationen zeitlich überdauernd anwendbar sind. Die fortschreitende Technisierung würde traditionelle Facharbeitertätigkeiten zerstören und es ist dann zu vermuten, daß in Zukunft der Bedarf an bloßen Facharbeitern abnimmt. Vielleicht ist der Fachmann der Zukunft wirklich derjenige, der ohne fachliche Kenntnisse im heutigen Sinn als Art "Allroundtalent" dennoch alles können muß - so wie es K.-H. Heinemann (2000, S. 56ff) im Untertitel seines Zeitschriftenaufsatzes treffend formuliert - und es vermag, sich mit Hilfe von

Schlüsselqualifikationen das nötige Fachwissen anzueignen. Statt Spezialqualifikationen hervorzuheben, die oft in kurzer Zeit am Arbeitsplatz erworben werden können, sollte sich die berufliche Bildung besonders auf die Vermittlung von Schlüsselqualifikationen konzentrieren.

In Zukunft wäre es wünschenswert, weniger zu den Schlüsselqualifikationen zählende Fähigkeiten und Fertigkeiten unterschiedlicher Coleur zu formulieren, da dies zur Folge hat, daß sich ihre Pluralität permanent auf Kosten einer eindeutigen Übersicht über die Thematik erweitert. Außerdem darf den Menschen nicht die Illusion nahelegt werden, Schlüsselqualifikationen würden eine erfolgreiche Bewältigung des individuellen Berufsverlaufes gewähren. Die Aufmerksamkeit sollte mehr auf die Forschung gerichtet sein und den dort stattfindenden Anstrengungen der Entwicklung spezieller Methoden für die Vermittlung von Schlüsselqualifikationen und auf deren Evaluierung. Auf dem Sektor der Forschung wäre es konstruktiv, gemeinsame Ausgangspunkte und Rahmenbedingungen hinsichtlich einer empirisch-theoretischen Fundierung von Schlüsselqualifikationen anzustreben, was die wissenschaftliche Bearbeitung dieser Thematik erleichtern und einer beliebigen Anwendung von Theorien entgegenwirken würde. Es ist also zu vermuten, daß über Schlüsselqualifikationen weiterhin debattiert werden wird, da sie ein interessantes Konstrukt darstellen, an dessen Erforschung eben nicht allein die Pädagogik, sondern auch andere Wissenschaften partizipieren.

8 LITERATURVERZEICHNIS

Aebli, H.: Denken: Das Ordnen des Tuns, Band II: Denkprozesse, Stuttgart 1981.
Arnold, R.: Betriebspädagogik, Berlin 1990.
Arnold, R.: Das duale System der Berufsausbildung hat eine Zukunft, In: Berufsbildung in Wissenschaft und Praxis 22(1993), S. 20-27.
Arnold, R.: Berufsbildung. Annäherungen an eine evolutionäre Berufspädagogik, Band 1, Hohengehren 1994.
Arnold, R./Lipsmeier, A.: Berufspädagogische Kategorien didaktischen Handelns, In: Arnold, R./Lipsmeier, A. (Hrsg.): Handbuch der Berufsbildung, Opladen 1995, S. 17-28.
Arnold, R.: Schlüsselqualifikationen - Ziele einer evolutionären Berufspädagogik, In: Arnold, R. (Hrsg.): Ausgewählte Theorien zur beruflichen Bildung, Hohengehren 1997, S. 134-145.
Arnold, R./Lipsmeier, A./Ott, B.: Berufspädagogik kompakt, Berlin 1998.
Arnold, R./Krämer-Stürzl, A.: Berufs- und Arbeitspädagogik. Leitfaden der Ausbildungspraxis in Produktions- und Dienstleistungsberufen, 2. Aufl., Berlin 1999.
Baethge, M./Baethge-Kinsky, V.: Ökonomie, Technik, Organisation: Zur Entwicklung von Qualifikationsstruktur und qualitativem Arbeitsvermögen, In: Arnold, R./Lipsmeier, A. (Hrsg.): Handbuch der Berufsbildung, Opladen 1995, S. 142-156.
Ballauff, T.: Johann Heinrich Pestalozzi, In: Fischer, W./Löwisch, D.-J. (Hrsg.): Pädagogisches Denken von den Anfängen bis zur Gegenwart, Darmstadt 1989, S. 154-168.
Bastian, J.: Beruf: Lehrer. Gesellschaftliche Modernisierung und professionelle Handlungskompetenz, In: Lehrer-Schüler-Unterricht. Handbuch für den Schulalltag. Losebl.-Ausgabe, Wien 12(1993), S. 1-34.
Beck, K.: Schlanke Produktion, Schlüsselqualifikationen und schulische Bildung, In: Pädagogik 6(1993), S. 14-16.
Beck, H.: Schlüsselqualifikationen. Bildung im Wandel, Darmstadt 1993.
Beck, U.: Schöne neue Arbeitswelt, Frankfurt/Main 1999.
Beitz, L.: Schlüsselqualifikation Kreativität, Hamburg 1996.
Berglar, P.: Wilhelm von Humboldt, 8. Aufl., Reinbek bei Hamburg 1999.
Bildungskommission NRW: Zukunft der Bildung - Schule der Zukunft. Denkschrift der Kommission "Zukunft der Bildung - Schule der Zukunft" beim Ministerpräsidenten des Landes Nordrhein-Westfalen, Neuwied, Kriftel 1995.
Blankertz, H.: Bildung - Bildungstheorie, In: Wulf, Ch. (Hrsg.): Wörterbuch der Erziehung, München 1984, S. 65-69.
Bösenberg, D./Metzen, H.: Lean Management. Vorsprung durch schlanke Konzepte, 5. Aufl., Landsberg am Lech 1995.
Bovet, G./Huwendiek, V. (Hrsg.): Leitfaden Schulpraxis. Pädagogik und Psychologie für den Lehrerberuf, 2. Aufl., Berlin 1998.

Braczyk, H.-J.: Qualifizierungsgrenzen im Taylorismus, In: Braczyk, H.-J. (Hrsg): Qualifikation und Qualifizierung - Notwendigkeit, Chance oder Selbstzweck?, Berlin 1991, S. 155-178.

Bullinger, H.-J.: CIM bedeutet Integration von Mensch, Organisation und Technik, In: Frauenhofer-Institut für Arbeitswissenschaft, Stuttgart 1990, S.1-34.

Bullinger, H.-J./Zinser, S.: Aus dem Funken muß ein Feuer werden. Fortschritt ist ohne Motivation nicht zu schaffen, In: Produktion 12(1995), S.3.

Bundesministerium für Bildung und Forschung (Hrsg.):Berufsbildungsbericht 2000, Bonn 2000.

Bunk, G.P.: "Schlüsselqualifikationen" - anthropologisch-pädagogisch begründet, In: Sommer, K.-H. (Hrsg.): Betriebspädagogik in Theorie und Praxis. Festschrift für Wolfgang Fix zum 70. Geburtstag, Esslingen 1990, S. 175-188.

Bunk, G. P./Kaiser, M./Zedler, R.: Schlüsselqualifikationen - Intention, Modifikation und Realisation in der beruflichen Aus- und Weiterbildung, In: Mitteilungen aus der Arbeitsmarkt- und Berufsforschung 2(1991), S. 365-374.

Crousaz, V. v.: Frederick Winslow Taylor, In: Beckerath, E. v. (Hrsg.): Handwörterbuch der Sozialwissenschaften, Band 10, Stuttgart/Tübingen/Göttingen 1959, S. 293-294.

Dahrendorf, R.: Industrielle Fertigkeiten und soziale Schichtung, In: Kölner Zeitschrift für Soziologie und Sozialpsychologie 8(1956), S. 540-568.

Deutscher Bildungsrat: Strukturplan für das Bildungswesen. Empfehlungen der Bildungskommission, Stuttgart 1970.

Dörner, D./Kreuzig, H. W./Reither, F./Ständel, T. (Hrsg.): Lohhausen. Vom Umgang mit Unbestimmtheit und Komplexität, Bern 1983.

Dostal, W./Jansen, R./Parmentier, K. (Hrsg): Die Arbeitswelt in Deutschland im Umbruch., Nürnberg 2000.

Dubs, R.: Entwicklung von Schlüsselqualifikationen in der Berufsschule, In: Arnold,R./ Lipsmeier, A. (Hrsg.): Handbuch der Berufsbildung, Opladen 1995, S. 171-182.

Dubs, R.: Schlüsselqualifikationen - werden wir erneut um eine Illusion ärmer?, In: Gonon, P. (Hrsg.): Schlüsselqualifikationen kontrovers. Eine Bilanz aus kontroverser Sicht, Aarau 1996, S. 49-57.

Dunker, K.: Zur Psychologie des produktiven Denkens, Berlin 1974 [^{1}1935].

Edelmann, W.: Lernpsychologie, 5. Aufl., Weinheim 1996.

Elbers, D./Heckenauer, M./Mönikes, W./Pornschlegel H./Tillmann, H. (Hrsg.): Schlüsselqualifikationen - ein Schlüssel für die Berufsbildungsforschung?, In: Berufsbildung in Wissenschaft und Praxis 4(1975), S. 26-29.

Esser, M./Kobayashi, K. (Hrsg.): Kaishain. Personalmanagement in Japan, Göttingen 1994.

Flick, U.: Qualitative Forschung. Theorie, Methode, Anwendung in Psychologie und Sozialwissenschaften, Reinbek bei Hamburg 1995.

Franzke, R.: Qualifikation - Qualifikationsforschung, In: Lenzen, D. (Hrsg.): Pädagogische Grundbegriffe. Von Jugend bis Zeugnis, Band 2, Reibek bei Hamburg 1989, S. 1290-1295.
Geißler, K.: Schlüsselqualifikationen. Die Mär vom goldenen Schlüssel, In: Lernfeld Betrieb 5(1989), S.3.
Georg, W./Grüner, G./ Kahl, O.: Kleines berufspädagogisches Lexikon, Bielefeld 1995.
Giddens, A.: Soziologie, Graz und Wien 1995.
Glöckel, H.: Unterricht in der Spannung zwischen Sachanspruch und pädagogischem Aufrag, In: Beckmann, H.-K. / Fischer, W. L. (Hrsg.): Herausforderungen der Didaktik. Bad Heilbrunn 1990, S. 33-50.
Gonon, P.: Schlüsselqualifikationen kontrovers. Eine Bilanz aus kontroverser Sicht, Aarau 1996.
Gonon, P.: Schlüsselqualifikationen, In: Kaiser, F.-J. / Pätzold, G. (Hrsg.): Wörterbuch der Berufs- und Wirtschaftspädagogik, Bad Heilbrunn 1999, S. 341-342.
Grote, G.: Technisch-organisatorischer Wandel, Qualifikation und Berufsbildung, Bergisch Gladbach 1987.
Grüner, G.: Die didaktische Reduktion als Kernstück der Didaktik, In: Die Deutsche Schule 59(1967), S. 414-430.
Gudjons, H.: Handlungsorientiert Lehren und Lernen. Schüleraktivierung-Selbsttätigkeit-Projektarbeit, 5. Aufl., Bad Heilbrunn 1997.
Gudjons, H.: Pädagogische Grundbegriffe, 4. Aufl., Bad Heilbrunn 1995.
Hansmann, O./Marotzki,W.: Zur Aktualität des Bildungsbegriffs unter veränderten Bedingungen der gegenwärtigen Gesellschaft, In: Pädagogik 7/8(1988), S.25-29.
Heid, H.: Schlüsselqualifikationen - ideologiekritische Anmerkungen einer berufspädagogischen Konzeption, In: Metzger, Ch./Seitz, H. (Hrsg.): Wirtschaftliche Bildung. Träger, Inhalte, Prozesse. Festschrift für Prof. Dr. R. Dubs, Zürich 1995, S. 49-65.
Heinemann, K.-H.: Zukunft der Berufsausbildung. Nichts wissen, aber alles können - der Fachmann der Zukunft?, In: Pädagogik 11(2000), S. 56-58.
Heinz, W. R.: Berufliche und betriebliche Sozialisation, In: Hurrelmann, K./Ulich, D. (Hrsg.): Neues Handbuch der Sozialisationsforschung, Weinheim/Basel 1991, S. 397-415.
Hilbert, J./Stöbe, S.: Neue Produktionskonzepte, Qualifikation, Partizipation: Zwischen Sozialverträglichkeit und Workoholismus, In: Braczyk, H.-J. (Hrsg.):Qualifikation und Qualifizierung - Notwendigkeit, Chance oder Selbstzweck?, Berlin 1991, S. 207- 222.
Hörster, R.: Bildung, In: Krüger, H.-H./Helsper, W. (Hrsg.): Einführung in die Grundbe- begriffe und Grundfragen der Erziehungswissenschaft, Opladen 1995, S. 43-52.
Humboldt, W. v.: Theorie der Bildung des Menschen, In: Tenorth, H.-E. (Hrsg): Allgemeine Bildung: Analysen zu ihrer Wirklichkeit. Versuche über ihre Zukunft, Weinheim und Basel 1986, S. 32-38.

Humboldt, W. v.: Der Königsberger und der Litauische Schulplan, In: Flitner, A./Giel, K. (Hrsg.): Wilhelm von Humboldt. Schriften zur Politik und zum Bildungswesen, Band IV, Nachdruck, Darmstadt 1993 [¹ Berlin 1809], S. 167-195.
Humboldt, W. v.: Ideen zu einem Versuch, die Gränzen der Wirksamkeit des Staates zu bestimmen, In: Flitner, A./Giel, K. (Hrsg.): Wilhelm von Humboldt, Schriften zur Anthropologie und Geschichte, Band I, Nachdruck, Darmstadt 1995 [¹ Breslau 1851], S. 56-232.
Huschke-Rhein, R.: Systemische Pädagogik. Band II. Qualitative Forschungsmethoden und Handlungsforschung, Köln 1991.
Jank, W./ Meyer, H.: Didaktische Modelle, 3. Aufl., Frankfurt/Main 1994.
Kade, J.: Bildung oder Qualifikation?, In: Zeitschrift für Pädagogik 29(1983), S. 859-876.
Kell, A.: Organisation, Recht und Finanzierung der Berufsbildung, In: Arnold, R./Lipsmeier, A. (Hrsg.): Handbuch der Berufsbildung, Opladen 1995, S. 369-397.
Kern, H./Schumann, M.: Industriearbeit und Arbeiterbewußtsein, Frankfurt/Main 1977.
Kerschensteiner, G.: Produktive Arbeit und ihr Erziehungswert, In: Reble, A. (Hrsg.): Die Arbeitsschule: Texte zur Arbeitsschulbewegung, 4. verb. Aufl., Bad Heilbrunn 1979, S. 41-53.
Klafki, W.: Studien zur Bildungstheorie und Didaktik, Weinheim und Basel 1963.
Klafki, W.: Neue Studien zur Bildungstheorie und Didaktik, Weinheim und Basel 1985.
Klafki, W.: Abschied von der Aufklärung?.Grundzüge eines bildungstheoretischen Gegenentwurfs, In: Krüger, H.-H.(Hrsg.): Abschied von der Aufklärung?, Opladen 1990, S. 91-94.
Klemm, K./Rolff, H.-G./Tillmann, K-J.: Bildung für das Jahr 2000, Reinbek 1985.
Klix, F./Rautenstrauch-Goede, K.: Struktur- und Komponentenanalyse von Problemlöseprozessen, In: Zeitschrift für Psychologie 174(1967), S. 167-193.
Koring, B.: Das Theorie-Praxis-Verhältnis in Erziehungswissenschaft und Bildungstheorie. Ein didaktisches Arbeitsbuch für Studierende und DozentInnen, Donauwörth 1997.
Kraft, S.: Schlüsselqualifikationen, In: Reinhold, G./Pollak, G./Heim, H. (Hrsg.): Pädagogik-Lexikon, München / Wien 1999, S. 451-454.
Lang, A.: Der politische Pestalozzi, Frankfurt/Main 1967.
Lang, R.: Schlüsselqualifikationen. Handlungs- und Methodenkompetenz, personale und soziale Kompetenz, München 2000.
Lauer-Ernst, U.: Schlüsselqualifikationen - innovative Ansätze in den neugeordneten Berufen und ihre Konsequenzen für das Lernen, In: Reetz, L./Reitmann, T. (Hrsg): Schlüsselqualifikationen, Hamburg 1990, S. 36-52.
Lauer-Ernst, U.: Schlüsselqualifikationen in Deutschland - ein ambivalents Konzept zwischen Ungewißheitsbewältigung und Persönlichkeitsbildung, In: Gonon, P. (Hrsg.): Schlüsselqualifikationen kontrovers. Aarau 1996, S. 17-23.
Lehmkuhl, K.: Das Konzept der Schlüsselqualifikationen in der Berufspädagogik, Alsbach 1994.

Lempert, W.: Konzeption zur Analyse der Sozialisation durch Arbeit, Berlin 1979.
Lüer, G./Spada, H.: Denken und Problemlösen, In: Spada, H. (Hrsg.): Allgemeine Psychologie. Ein Lehrbuch, Bern 1992, S. 189-280.
Matalik, S./Schade, D. (Hrsg.): Entwicklungen in Aus- und Weiterbildung - Anforderungen, Ziele, Konzepte, Baden-Baden 1998.
März, F.: Personengeschichte der Pädagogik, Bad Heilbrunn 1998.
Mertens, D.: Schlüsselqualifikationen. Thesen zur Schulung für eine moderne Gesellschaft, In: Mitteilungen aus der Arbeitsmarkt- und Berufsforschung 7(1974), S. 36-43.
Mertens, D.: Das Konzept der Schlüsselqualifikationen als Flexibilitätsinstrument - Ursprung und Entwicklung einer Idee sowie neuerliche Reflexion, In: Göbel, W. / Kramer, W. (Hrsg.): Aufgaben der Zukunft - Bildungsauftrag des Gymnasiums., Köln 1989, S. 79-101.
Mikl-Horke, G.: Organisierte Arbeit. Einführung in die Arbeitssoziologie, 3. Aufl., Wien 1989.
Nemitz, R.: Qualifikation, In: Hierdeis, H./Hug, T.(Hrsg.): Taschenbuch der Pädagogik, Band 4, Baltmannsweiler 1996, S. 1223-1239.
Oerter, R.: Psychologie des Denkens, Donauwörth 1971.
Offe, C.: Bildungssystem, Beschäftigungssystem und Bildungspolitik, In: Roth, H./Friedrich, D. (Hrsg.): Bildungsforschung, Band 1, Stuttgart 1975, S. 217-252.
Opp, K.-D.: Methodologie der Sozialwissenschaften, 3. Auflage, Opladen 1995.
Ott, B.: Ganzheitliches Lernen in der technischen Berufsausbildung. Ein lernpsychologisches Strukturmodell, In: Berufsbildende Schule 6(1994), S. 199-204.
Ott, B.: Ganzheitliche Berufsbildung. Theorie und Praxis handlungsorientierter Techniklehre in Schule und Betrieb, Stuttgart 1995.
Pätzold, G.: Vermittlung von Fachkompetenz in der Berufsbildung, In: Arnold, R./Lipsmeier, A. (Hrsg.): Handbuch der Berufsbildung, Opladen 1995, S. 157-170.
Pestalozzi, J.-H.: Die Abendstunde eines Einsiedlers, Oldenburg 1950.
Reetz, L.: Zum Konzept der Schlüsselqualifikation in der Berufsbildung, In: Berufsbildung in Wissenschaft und Praxis 5/6 (1989), S. 3-10 und 6-24.
Reetz, L.: Zur Bedeutung der Schlüsselqualifikationen in der Berufspädagogik, In: Reetz, L./ Reitmann, T. (Hrsg.): Schlüsselqualifikationen. Dokumentation des Symposiums in Hamburg: "Schlüsselqualifikationen - Fachwissen in der Krise?", Hamburg 1990, S. 16-35.
Reetz, L. / Reitmann, T. (Hrsg.): Schlüsselqualifikationen. Dokumentation des Symposiums in Hamburg: "Schlüsselqualifikationen - Fachwissen in der Krise?", Hamburg 1990.
Reetz, L.: Zum Zusammenhang von Schlüsselqualifikationen - Kompetenzen - Bildung, In: Tramm, T./Sembill, D./Klausner, F./John, E. G. (Hrsg.): Professionalisierung kaufmännischer Berufsbildung. Beiträge zur Öffnung der Wirtschaftspädagogik für die Anforderungen des 21. Jahrhunderts, Festschrift zum 60. Geburtstag von Frank Achtenhagen, Frankfurt/Main 1999, S. 32-51.

Reinhold, G./ Pollak, G./Heim, H. (Hrsg.): Pädagogik-Lexikon, München, Wien 1999.
Sächsische Zeitung: Mitbestimmung: Reform nimmt ihre erste Hürde, Nr. 39 vom 15. 02. 2001, S. 1.
Schaub, H./Zenke, K. G.: Wörterbuch Pädagogik, München 1999.
Schelten, A.: Didaktische Probleme beruflichen Lernens, In: Die berufsbildende Schule 7/8 (1983), S. 443-454.
Schelten, A.: Einführung in die Berufspädagogik, 2. erweiterte Auflage, Stuttgart 1994.
*Schleucher, H./Maskow, J.:*Darstellung und Analyse des Begriffs "Qualifikation", In: Zeitschrift für Arbeitswissenschaft 3(1983), S. 138-144.
Schubert, M.: Praxis der Qualitätszirkel-Arbeit, Berlin 1989.
*Schwenk, B.:*Bildung, In: Lenzen, D. (Hrsg.): Pädagogische Grundbegriffe. Von Aggression bis Interdisziplinarität, Band 1, Reinbek bei Hamburg 1989, S. 208-221.
Simoleit, J./Feldhoff, J./Jacke, N.: Schlüsselqualifikationen - betriebliche Berufsausbildung und neue Produktionskonzepte, In: Braczyk, H.-J. (Hrsg): Qualifikation und Qualifizierung: Notwendigkeit, Chance oder Selbstzweck?. Beiträge zur aktuellen Diskussion, Berlin 1991, S. 43-66.
Staudt, E.: Integration von Personal- und Organisationsentwicklung in der beruflichen Weiterbildung, In: Arnold, R. / Lipsmeier, A. (Hrsg.): Handbuch der Berufsbildung, Opladen 1995, S. 183-199.
Struck, P./Wörtl, I.: Vom Paucker zum Coach, Wien 1999.
Taylor, F. W.: Die Grundsätze wissenschaftlicher Betriebsführung. Reprint der autorisierten Auflage von 1913, Weinheim 1995.
Teichler, U.: Qualifikationsforschung, In: Arnold, R./Lipsmeier, A. (Hrsg.): Handbuch der Berufsbildung, Opladen 1995, S. 501-508.
Treml, A. K.: Allgemeine Pädagogik, Stuttgart 2000.
Uhtenwoldt, D.: Neue Jobs - neue Berufsschulen?. Wie sich Lehrlinge auf eine grundlegend veränderte Berufswelt vorbereiten, In: Sächsische Zeitung, Nr. 36 vom 12./13. Februar 2000, S. M 25.
Ulich, E.: Arbeitspsychologie, 3. Auflage, Zürich 1994.
Voß, G.G./Dombrowski, J.: Berufs- und Qualifikationsstruktur, In: Schäfers, B./Zapf, W.(Hrsg.): Handbuch zur Gesellschaft Deutschlands, Bonn 1998, S. 60-71.
Weber, H.: Die Evolution von Produktionsparadigmen, In: Weber, H. (Hrsg.): Lean Management - Wege aus der Krise. Organisatorische und gesellschaftliche Strategien, Wiesbaden 1994, S. 21-44.
Weinbrenner, P.: Allgemeinbildende Inhalte in der beruflichen Bildung, In: Arnold, R./ Lipsmeier, A. (Hrsg.): Handbuch der Berufsbildung, Opladen 1995, S. 245-253.
Weinert, F. E.: Kreativität - Fakten und Mythen, In: Psychologie heute 9(1991), S. 30-33.
*Weinert, A. B.:*Organisationspsychologie. Ein Lehrbuch, 4. Auflage, Weinheim 1998.
*Wilenski, H. L.:*Arbeit, Karriere und soziale Integration, In: Luckmann, T./Sprondel, W.M. (Hrsg.): Berufssoziologie, Köln 1972, S. 318-341.

Willke, G.: Die Zukunft unserer Arbeit, Bonn 1989.
Wilsdorf, D.: Schlüsselqualifikationen, München 1991.
Witt, R.: Schlüsselqualifikationen als Inhaltsproblem, In: Reetz, L./Reitmann, T. (Hrsg.)Schlüsselqualifikationen, Hamburg 1990, S. 91-100.
Witthaus, U.: Bildungssystem und Beschäftigungssystem - Konsequenzen für schulisches Lernen aus den Veränderungen gesellschaftlicher Arbeit, In: Helsper, W. (Hrsg.): Schule und Gesellschaft im Umbruch, Band 1, Weinheim 1996, S. 405-426.
Wittwer, W.: Schlüsselqualifikation. Schlüssel zur beruflichen Zukunft?, In: Lernfeld Betrieb 3(1989), S. 28-29.
Zabeck, J.: Didaktik der Berufserziehung, Heidelberg 1984.
Zabeck, J.: Schlüsselqualifikationen - Zur Kritik einer didaktischen Zielformel, In: Wirtschaft und Erziehung 3(1989), S. 77-85.
Zabeck, J.: Schlüsselqualifikationen - ein Schlüssel für die antizipative Berufsbildung?, In: Twardy, M. (Hrsg.): Duales System zwischen Tradition und Innovation. Wirtschafts-, Berufs- und Sozialpädagogische Texte, Sonderband 4, Köln 1991, S. 47- 54.
Zink, K.J.: Gruppenarbeit als Baustein innovativer Managementkonzepte, In: Zink, K.J. (Hrsg.): Erfolgreiche Konzepte zur Gruppenarbeit. Human Resource Managemant für Theorie und Praxis, Berlin/Kriftel/Neuwied 1995, S. 3-21.

www.ingramcontent.com/pod-product-compliance
Lightning Source LLC
Chambersburg PA
CBHW020127010526
44115CB00008B/1002